高职高专院校体育类特色教材
中国校园健康行动领导小组办公室推荐教材

匹克球教程

主　任　王亚妮
副主任　冯　甫
主　编　郑天敬（体育讲师、匹克球专任教师）
副主编　浑　涛（体育副教授）　何泉涛（体育博士）
编　委　胡沛永（体育副教授）　林燕荣（体育副教授）
贺　忠（匹克球教练员）　周松芳（体育讲师）
吴伟涛（匹克球教练员）　黄凯平（匹克球教练员）

西南交通大学出版社
·成　都·

图书在版编目（CIP）数据

匹克球教程 / 郑天敬主编. -- 成都：西南交通大学出版社，2024.6（2025.9 重印）

ISBN 978-7-5643-9825-5

Ⅰ. ①匹… Ⅱ. ①郑… Ⅲ. ①球类运动 – 高等学校 – 教材 Ⅳ. ①G849.9

中国国家版本馆 CIP 数据核字（2024）第 094730 号

Pikeqiu Jiaocheng

匹克球教程

主　编 / 郑天敬

责任编辑 / 孟秀芝
封面设计 / 原谋书装

西南交通大学出版社出版发行
（四川省成都市金牛区二环路北一段 111 号西南交通大学创新大厦 21 楼　610031）
营销部电话：028-87600564　　028-87600533
网址：https://www.xnjdcbs.com
印刷：四川森林印务有限责任公司

成品尺寸　170 mm × 230 mm
印张　8.75　　字数　159 千
版次　2024 年 6 月第 1 版　　印次　2025 年 9 月第 2 次

书号　ISBN 978-7-5643-9825-5
定价　30.00 元

课件咨询电话：028-81435775
图书如有印装质量问题　本社负责退换

前言

19世纪60年代，匹克球起源于美国西雅图本布里奇岛，是欧美最流行、发展速度很快的一项运动，之后迅速在世界多地发展起来。相比2020年，在北美洲，2023年从事匹克球运动的人数增长近10倍，近5000万人常年从事该项运动；在欧洲，参与匹克球运动的人数有150多万人；在亚洲，已经开展匹克球运动的国家和地区有日本、新加坡、印度、中国台湾和中国香港，并且近年来在以上国家和地区发展迅猛。

匹克球集网球、羽毛球、乒乓球的特点于一身，是一项适合大众参与，兼具娱乐性、竞技性和观赏性的球类运动，并且有很好的社交属性和功能，非常符合当下我国全民健身和体育产业发展的需求。

近年来，我国经济迅速发展，根据国家体育总局制定的2000—2050年宏观发展目标，“人人享有体育权利、全民参与体育健身、提高国际体育竞争能力、推进体育事业进步、实现体育现代化”的思想已广泛深入人心。为了深入贯彻落实党的二十大对体育工作的新要求，积极践行健康中国和全民健身的国家战略，新兴运动匹克球发展成为又一重要推手。

随着匹克球运动的迅速发展，匹克球运动参与者迅速增多，对介绍匹克球运动的相关知识书籍的需求也日益凸显。目前，我国相关资料非常有限，本书的出版为广大匹克球爱好者提供了指导和参考。笔者在写作过程中阅读了国内外大量的相关文章、影视资料，并向国内匹克球专业人士求证、学习，同时融合自身经验和体会进行编写。本书从匹克球的发展历史、装备、技战术、练习方法、裁判规则等方面进行展开，力求为读者提供详细的匹克球运动知识。

本书的主要阅读对象是大学生和匹克球爱好者。在编写过程中本书始终以强实用性、通俗易懂、简明扼要为宗旨，在技术学习方面配有示范视频，帮助读者直观了解动作技术，快速了解并掌握匹克球运动知识。

在成书过程中，得到了国内外专家和爱好者的关心与帮助。在此，向为本书编写提供指导和帮助的领导、专家、教练员、爱好者表示感谢！

限于笔者水平和经验，书中难免有不妥之处，敬请批评指正。

郑天敬

2023 年 6 月

匹克球专业术语

1. 反手拍（Back Hand）：挥拍时握拍手背朝向击球的方向。

2. 引拍（Backswing）：球员以预备姿势将球拍往后挥动，准备打下一个球（准备动作）。

3. 底线（Baseline）：球场两边与球网平行的最外面两条线。

4. 连击（Carry）：挥拍击球时，球没有及时弹出，球在拍面上停留的时间过长。

5. 中线（Center Line）：与两旁边线平行，在球场中央，平分球场为左、右两部分的线。

6. 对角场地（Cross-court）：对角线的对方球场。

7. 死球（Dead Ball）：一个被宣告为违例的球。

8. 丁克球（Dink Shot）：一个对方无法攻击的球。

9. 落地两次（Double Bounce）：球被回击前在地面弹跳两次。

10. 双击（Double Hit）：一方球队击球两次才过网。

11. 吊短球（Drop Shot）：过网急坠的球。

12. 吊短球截击（Drop Shot Volley）：当对方球员在底线时，打一个落点近网又短又慢的截击，从非截击区打这个球最有效。

13. 违例（Fault）：任何因违反比赛规则而使比赛停止的行动。

14. 步法（Footwork）：让你快速有效率地到达击球点的双脚动作。

15. 正手拍（Fore Hand）：挥拍时握拍手掌朝向击球的方向。

16. 模仿 / 空挥（Ghasing）：学生原地模仿教练挥拍姿势或是无球进行整个挥拍过程。

17. 握拍（Grip）：球员握拍的方式，通常有东方式握拍或大陆式握拍。

18. 抽球（Groundstroke）：等球落地后大力击球。

19. 半截击（Half Volley）：球落地刚弹起时，马上击球。

20. 妨碍（Hinder）：影响比赛的事件，例如外球滚入场地或有人走入场地。

21. 重新发球 / 重打（Net）：在发球过程中受到干扰或其他因素影响，裁判员判定进行重新发球或重打。

22. 高吊球（Lob）：一个高又长的球，迫使对方退到底线。

23. 同步移动（Mirroring）：不击球球员随着击球同伴左右移动，保持相距 1.8 m 左右，不过于分散以致出现空当，这也是所谓的“弹力带理论”。

24. 中性拍面（Neutral Face）：击球时拍缘和地面垂直。

25. 非截击线（Non-Volley Line）：球网两边介于两条边线之间，和球网平行的两条线，和球网相距 2.13 m。

26. 非截击区（Non-Volley Zone）：由靠近球网的非截击线和两条边线所组成的区域，在该区域内不能截击，非截击区是平面的，不含该区上方的空间。

27. 开放拍面（Open Face）：击球时将拍面转向上方。

28. 高压球（Overhead Slam/Smash）：快速挥拍，过头击打高空球。

29. 穿越球（Passing Shot）：用截击或抽球快速打向对方防守不到的地方（例如，靠近边线的平行强抽球）。

30. 球场固定物（Permanent Object）：任何靠近球场或悬挂在球场上空，球场固定物会影响球进行路线的物品，包括天花板、墙壁、围墙、灯具、网柱、观众看台和座椅、裁判、线审、观众（在指定观众区）以及所有球场周围和上方的物品。

31. 拍面（Paddle Face）：球拍拍柄上用来击球的部分。

32. 跨越中线拦截（Poach）：球员跨越中线拦截对方来球。

33. 平推截击（Punch）：网前快速平推截击，通常往后和往前挥拍动作较小。

34. 得分球（Put Away）：通常是对方无法回击的球。

35. 对打（Rally）：发球和接发球后的双方来回对打。

36. 准备姿势（Ready Position）：等待来球时所预备的姿势。

37. 重打（Replay）：因故该回合不算分，重新再打。

38. 接发球（Return of Service）：接发球方的第一次回击球。

39. 第二发球（Second Serve）：比赛开始的发球或第一次发球结束，轮到第二位发球员发球。

40. 发球（Service）：发球方发出的每个回合的第一次击球。

41. 有效发球区（Service Court）：中线两边由非截击线、边线和底线围成的区域，除了非截击线外，包括其他三条线。

42. 边线（Sidelines）：和球网垂直，球场最外面的两条线。

43. 换边发球（Side Out）：当一方用完所有发球权，改换另一方发球。

44. 分腿垫步（Split Step）：当对手即将击球时，身体稍微上跳，着地后双脚比肩略宽，重心放在脚尖，身体保持平衡，随时可向任何方向快速移动击球。

45. 技术犯规（Technical Foul）：比赛一方违反技术性规则时，主审裁判有权判技术犯规，让对方赢得该分；或当一方态度恶劣，刻意滥用不雅语言，主审有权判定对方赢得该分。

46. 第三拍短球（Thind Shot Drop）：比赛开始后第三拍回球，通常落点为对方的非截击区内，一个过网急坠的球。

47. 截击（Volley）：比赛进行中，球落地前，在空中击球。

目录

第四章 匹克球运动保健常识

第五章 匹克球运动体能训练

第六章 匹克球实战应用

附录一 匹克球竞赛规则与裁判规则

附录二 匹克球技能等级

第一章
匹克球运动简介

第一节　匹克球运动的发展历史

一、匹克球运动国外发展情况

匹克球运动起源于20世纪60年代，是用球拍击球的一种运动，兴起于美国西雅图的本布里奇岛。关于这项运动的起源，普遍的说法是普利特查德家中养了一只宠物犬，名字叫匹克尔斯。人们在进行匹克球比赛时，每当球滚远，人们马上呼喊宠物犬匹克尔斯去把球叼回来。久而久之，每到捡球时就呼叫“匹克，球！”连在一起就成了匹克球。最初，匹克球的规则来自羽毛球，随着匹克球比赛的传播普及，有关匹克球的规则逐渐完善。初创时期，匹克球比赛主要是在家庭后院的硬地上进行，后逐步发展为在街头巷尾的任何一块平地上举行。

20世纪70—80年代，匹克球从家庭消遣娱乐逐步发展为有正式规则的竞技项目，比赛地点逐渐扩展到全美甚至包括加拿大和西班牙等地的学校、俱乐部和休闲中心。随着这项运动的普及和人们的广泛接受，发明人在1972年正式将“匹克球”注册为一项运动。1984年美国匹克球协会（USAPA）成立，同年3月第一本匹克球规则手册发布。2010年初，国际匹克球联合会（IPF）成立，并颁布了《国际匹克球联合会官方锦标赛规则手册》，确保全球匹克球运动规则一致，标志着匹克球国际推广迈出重要一步，促进了其国际化发展。

世界匹克球运动的主要组织机构有世界匹克球联合会（WPF）、国际匹克球学院（IPA）、美国匹克球协会（USAPA）和国际匹克球联合会（IPF）。国际匹克球联合会（IPF）首批成员国有美国、加拿大、西班牙和印度，此后逐步扩大到法国、英国等。亚洲也是匹克球快速发展的地区，在泰国、印度尼西亚、韩国、马来西亚、印度等国家，匹克球已流行开来。

近10年来，匹克球运动在全球获得了很大的发展。特别是在2020年至2023年这三年期间，在北美洲，匹克球运动人数增长近10倍，已有近5 000万人常年从事该项运动；在欧洲国家，参与匹克球运动的人数超过150万人；在亚洲，已经开展匹克球运动的国家和地区有日本、新加坡、印度、中国台湾和中国香港，并且近年来匹克球运动在以上国家和地区发展迅猛（见图1-1）。

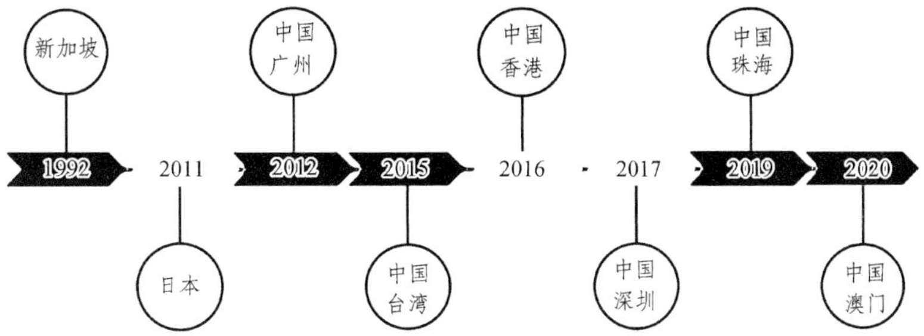

图 1-1 匹克球进入亚洲时间轴

2018 年 7 月，非洲大陆也引进了匹克球运动，在肯尼亚首都内罗毕举行了非洲历史上首次匹克球正式比赛。此次比赛促进了匹克球在非洲的发展。

2003 年，匹克球第一次被列入亨斯曼世界中老年运动会。该运动会起源于 1987 年，每年在美国犹他州圣乔治市举办一次，是世界上规模最大的，为 50 岁及以上运动员举办的世界年度运动会。运动会的目的是促进全球和平、健康与友谊。匹克球在该运动会上发挥着积极影响，越来越多的人参与这项运动。

在发源地美国，匹克球自 1965 年创立至今近 60 年，在 20 世纪 90 年代初已成为全美各大州大中小学的体育课常规课程，现在仅纽约州就有近千所学校开设匹克球专业课程。根据 USAPA 不完全统计，目前大概有 50 个州建立了匹克球俱乐部，有大约 300 万人玩匹克球。匹克球在欧美地区民间盛行，已经成为一种常态化的休闲体育运动，据不完全统计，每年的匹克球赛事多达 5 000 场。近 10 年来，匹克球运动发展迅速，逐渐走向全球，成为风靡全球的体育项目。目前，匹克球运动传播到近 80 个国家。世界匹克球联合会（WPF）、国际匹克球教练协会（IPTPA）在提供匹克球运动的统筹发展和规则以及教练认证方面设立了世界标准。

世界匹克球联合会、亚洲匹克球联合会、欧洲匹克球联合会、北美匹克球联合会、南美匹克球联合会、非洲匹克球联合会相继建立了匹克球会员组织。近年来，亚洲的印度、日本、韩国、泰国、马来西亚相继成立匹克球协会，新加坡是开展匹克球运动历史最悠久的亚洲国家（自 1992 年引入匹克球运动，已有 30 多年历史）。截至 2018 年，在欧美及亚太地区有近 1.8 万个匹克球室内和室外场地，全球匹克球运动的参与人数呈指数级增长。其中，截至 2023 年，北美地区参与匹克球运动的人数超过 5 000 万人，常年从事匹克球锻炼的人数接近 900 万人。

当前国际上匹克球运动兴起的国家，每年都会举办全国性的公开赛、锦标赛或者国际性的公开赛、锦标赛。泰国曼谷于2019年3月5日举行了国际匹克球3.0级别公开赛，吸引了来自世界各地43个国家或地区参加。同年日本大阪（2019年6月）、澳大利亚悉尼（2019年9月）、新西兰（2019年10月）分别举行了2019国际匹克球公开赛。

2019年世界匹克球联合会普查数据显示，近6年匹克球运动以675倍的速度迅猛发展，是世界上发展最快的群体性项目之一，正影响着整个世界的手板球运动。

2020年初，世界教科文组织将每年10月10日定为“世界匹克球日”，这项有着60年发展历史的运动终于有了属于自己的节日。

国际奥委会已经将匹克球运动列入2024年巴黎奥运会表演项目。随着这项运动的快速发展，匹克球运动有望成为奥林匹克运动会比赛项目。

二、匹克球运动国内发展情况

在亚洲，除了新加坡和日本，我国是第三个引入匹克球运动的亚洲国家。广州是中国最早开展匹克球运动的城市。20世纪90年代，王庆民先生在美国留学期间发现匹克球的运动好处和它的迅猛发展之势，开始接触和系统学习匹克球运动，2010年他将这项国际上的新兴运动首先引进广州。2012年10月，世界匹克球联合会董事王庆民先生发起并组织世界匹克球联合会、国际匹克球学院的21人，进行了为期43天、走访17个重要城市的匹克球运动介绍。最后一站来到广州，进入广东轻工职业学院校园，本次活动为中国匹克球播下了希望的种子，截至2023年，广东省有100多所学校引入匹克球运动教学，其中高校75所。

2017年10月18日，在深圳市体委、市民政局等有关部门的关心和支持下，深圳市匹克球协会正式成立。深圳市匹克球协会，作为国内首家以推广匹克球运动为己任的社会团体，从2017年10月份开始，积极整合国内外资源，成功举办了多次匹克球训练营、匹克球交流会。2018年1月3日至1月31日，深圳市匹克球协会联合东莞乐湖体育发展有限公司举办中国首届匹克球教练高级培训班，主办方邀请了匹克球全美冠军丹尼尔·摩尔、日本匹克球协会副会长佐藤诚担任教练，为来自东莞、深圳两地的35名体育老师和匹克球运动爱好者免费传授匹克球知识及实战技巧、教练知识等。1月18日上午，中国第一届匹克球联谊赛和中国首届匹克球教练高级培训班媒体公开日在松山湖广场举行。广东省体育产业协会会长、东莞市体育局副局长、东莞松山湖管委会宣传文体局局长、深圳市匹克球协会会长，深圳大学、东莞理工学院城市学院以及莞深两地体育产业界代表出席活动。

2018 年，首届粤港澳大湾区匹克球邀请赛经过两日的精彩角逐，在深圳市光明区群众体育中心圆满落下帷幕。深圳市匹克球协会对匹克球运动在我国的传播起到了积极的推动作用。

2019 年 8 月，广州市匹克球协会成立，进一步促进了匹克球运动在我国的普及和发展。随后，珠海、佛山和肇庆等地相继成立匹克球协会。此外，安徽滁州成立匹克球协会以及国际匹克球联合会安徽联络处，标志着我国匹克球运动从广东逐渐向其他省份发展。上海、北京、沈阳、大连、青岛等城市也在积极开展匹克球活动，并积极申办匹克球协会。2023 年世界匹克球联合会数据显示，我国匹克球爱好者有约 3 万人。

2019 年，在广州市体育局群体处、海珠区文广新局的指导和支持下，第一届广州匹克球邀请赛在广州市珠江中学体育馆举行，来自广州、佛山等地的 8 支球队，近 100 名运动员参加了混合团体、男子双打、女子双打、混合双打四个项目。

2019 年 7 月，第三届国际匹克球锦标赛在美国西雅图州本布里奇岛举行，受国际匹克球联合会邀请，深圳市匹克球协会代表中国参加了此次锦标赛。深圳市匹克球协会选派的运动员李维维与印度选手罗纳克作为跨国组合，参加了男子双打比赛。李维维成为中国参加国际匹克球大赛的“第一人”。2023 年 9 月 18 日至 9 月 24 日，匹克球世界冠军赛在印度尼西亚巴厘岛举行，中国选手王肇奇获得 60 岁 +4.5 男子单打项目的铜牌。这是我国运动员在匹克球世界大赛中获得的第一枚奖牌。

2020 年 7 月 24 日，首届国际匹克球裁判训练班在广州开班，该培训班由国际匹克球培训学院授权，广州国际匹克球测试与认证中心、全球华人匹克球联合总会（中国区）主办，广州翅健体育有限公司、广州市匹克球协会技术委员会承办。同年 8 月 27 日，由广州市群众体育指导中心主办，广州市匹克球协会承办，广州市工人体育场、广州市体育彩票管理中心协办，广州市总工会指导的广州市第十六届体育节匹克球技术等级培训班在广州市工人体育场举行，近百名爱好者参加。

2021 年 9 月 11 日，珠海市民健身运动会匹克球公开赛暨第二届珠澳匹克球邀请赛在珠海体育中心举办，本次比赛由珠海市文化旅游体育局指导，珠海市体育总会主办。共有珠澳两地 24 支队伍，逾 200 名匹克球爱好者参加，广州市匹克球协会受主办方邀请前来，并进行友好交流。本次比赛首次执行广州市匹克球协会最新修订的“直接得分制”的竞赛规则，不仅令比赛节奏更紧凑，提升了比赛的观赏性与刺激性，还大大缩短了比赛时间，为更多群众参与赛事创造了条件，这也开启了“直接得分制”成为匹克球运动主流赛制的先河。

2021年12月11日，在华南农业大学举办了广东省第一届大学生匹克球锦标赛。本次比赛分甲、乙、丙三组，每组均设男女单打、男女双打和混合双打比赛，全省共有24所大学的30支队伍、382名运动员参赛。本次赛事不仅是广东省首届匹克球锦标赛，也是中国大学生首个匹克球省级锦标赛，而且在华南农业大学新建成的全国单片面积最大、按国际标准建造的室外专业匹克球场地进行，均创历史先河。

2023年11月26日，首届全国匹克球大赛在广州拉开序幕，本次里程碑式的全国大赛也将成为中国推广匹克球运动的最大动力，这令广大匹克球爱好者对该项运动在中国的蓬勃发展充满信心。

匹克球运动作为一项老少皆宜的小球类运动，在为民众服务的同时，也向世界展示了中国风采。但是，由于该项目尚未像网球、羽毛球、板球等项目一样被广泛认可，自2017年10月有组织推广这项运动至今，此项目并未进入我国的体育目录。

目前，我国匹克球运动主要由一些大中小学体育教师、体育爱好者及热心企业家发起成立协会，在部分学校进行推广试行。虽然这两年，大学体育研究者、从事体育的教育工作者陆续发表论文、出版教材，提供了一些理论指导材料，但还是缺乏更高层次的体育组织、体育主管部门以及教育部门的重视与政策支持，自上而下的发展规划还未形成。

随着匹克球运动在我国的快速发展，希望我国的匹克球运动能像羽毛球和乒乓球一样，登上全世界匹克球运动之巅。

第二节　匹克球的特点

1. 入门难度低，运动年龄幅度宽

匹克球作为“速度更慢的网球”“球网更低的羽毛球”和“球拍更大的乒乓球”，是一项有着独特魅力的新兴运动，它的活动度和运动量比网球更小，不同于羽毛球需要急启急停，它对膝关节的损伤更小，它的活动度与运动量比乒乓球更大，入门技术难度低，男女老少皆宜。因此，匹克球在国外深受各类人群的喜爱，并被作为经常运动锻炼的项目。中国有着广泛的乒乓球、羽毛球和网球爱好者及专业人士的群众基础，非常有利于匹克球运动的迅速发展。

2. 场地条件简易

匹克球运动之所以能够迅速发展，部分原因是它对场地和设备的需求相对较低。除了专门的匹克球场外，球员还可以利用现有的羽毛球场或网球场进行临时改造，

这样的转换过程非常简单。在美国，许多匹克球场实际上是由羽毛球场改造而来的。此外，市场上还有便携式匹克球网，只要空地面积足够大，就可以轻松搭建起一个标准场地。匹克球运动的上手门槛较低，不需要太过专业的技能和场地，因此成为越来越多人的运动选择。由于匹克球所需的场地和器材成本远低于网球和羽毛球，所以它在国外被誉为“穷人的网球”。

3. 社交属性

乒乓球、羽毛球和网球等运动，对场地、运动特性和技术要素的要求较高，使得并非所有家庭成员都能参与。然而，匹克球作为一种适合家庭活动的运动方式，受到了广泛欢迎。美国户外急救专家克里斯托弗博士认为，如果有一项运动能够让所有家庭成员共同参与，那么我们应该向所有家庭推广这项运动，而匹克球正是这样一种理想的运动方式。匹克球的独特之处在于其新颖的运动器材、多样的比赛形式和灵活有趣的打法，这些特点使得匹克球适宜于各个年龄段的人群，并使其产生浓厚的兴趣。美国某连锁健身俱乐部主任海勒·伯恩也表示，匹克球运动具有极大的吸引力，无论成年人、儿童还是老年人，都很容易对这项运动产生热爱。

4. 健身价值

匹克球是一项适合全民健身的运动，它的运动强度相对较小。因此，不论是久坐的公务员、上班族、中老年或壮年，还是正在上学的青少年，都可以选择匹克球作为一种锻炼方式。特别是一些体育爱好者，随着环境和身体条件的改变，或许不能再进行比较激烈的羽毛球、网球运动，转向打匹克球也是一个不错的选择。

此外，匹克球还能给老年人带来体育活动的乐趣。根据美国一些研究报告，153 位参加匹克球运动的老年人接受了调查。研究表明，包括匹克球在内的深度休闲体育与老年衰老呈现出相反的结果。匹克球运动有助于降低人的衰老进程，并促进老年人与社会生活的融合。

5. 娱乐价值

匹克球自诞生之初，就以“快乐”作为其核心理念。它的飞行速度较慢，时速为 80 ~ 90 千米，但是击打回合多，玩法丰富多样。相较于乒乓球、羽毛球、网球等运动对体能和速度的挑战，匹克球更注重成为一种寻求和享受快乐的运动方式。特别是新冠肺炎疫情期间，匹克球的灵活性得到了充分的体现，无论人们在家里的客厅、厨房、院子还是车库，都可以轻松地进行颠球、对墙击球等活动。尽管匹克球的运动强度不如网球那么大，但它的柔和平稳的特点并不影响其竞技表现力。例如，在正式比赛中常常使用的截杀球技术，就能让年轻人体验到类似于羽毛球、乒乓球杀球时的快感，极具刺激性和趣味性。

第三节 匹克球赛事简介

世界匹克球重大赛事包括世界匹克球锦标赛、全美匹克球锦标赛、美国匹克球公开赛和美国匹克球冠军锦标赛。

1. 世界匹克球锦标赛

2017 年，首次在西班牙举办拜恩桥杯匹克球世界锦标赛，美国队战胜了欧洲联队。

2018 年 9 月 5 至 9 月 9 日，西班牙匹克球世界锦标赛在马德里举行，来自 15 个国家和地区的不同年龄、不同水平的选手参加多个项目的比赛。这次的比赛规模有所扩大，在马德里著名营地俱乐部的 24 个世界级球场上进行。匹克球世界锦标赛分为男女单打、男女双打和混合双打 5 个项目。比赛采取国际匹克球联合会的正式规则，采用单淘汰制，保证运动员最少能参加 4 场比赛。

2019 年，IFP 本布里奇杯国际匹克球锦标赛暨德国匹克球公开赛日前在德国埃森举办，受国际匹克球联合会（IPF）邀请，深圳市匹克球协会代表中国参加了 2019 年 IPF 本布里奇杯国际匹克球锦标赛。本届赛事有来自 IFP 的 24 个成员国（组织）共计 450 名运动员报名参加，创造了该项赛事新的参赛人数纪录。由深圳市匹克球协会选派的运动员李维维老师与印度选手罗纳克作为跨国组合，联手参加男子双打比赛。李维维也成为中国参加国际匹克球大赛的“第一人”。

2. 美国匹克球赛事

美国近 10 年形成的匹克球赛事，主要有美国匹克球协会（USAPA）主导的全美匹克球锦标赛和美国匹克球冠军锦标赛，由 MINTO 社区主办的美国匹克球公开赛，由匹克球专业人士协会（APP）和职业匹克球协会（PPA）主办的全美分站巡回赛，总奖金规模约 70 万美元，单项比赛最高奖金是 2019 年的 10 万美元，相当于 1968 年网球全年的奖金水平。

美国 Pickleball 职业赛事分别是匹克球职业联盟（Association of Pickleball Professionals，APP）、职业匹克球联盟（Professional Pickleball Association，PPA）和匹克球大联盟（Major League Pickleball，MLP）。2022 年三大赛事单项最高总奖金达 50 万美元。

第二章
匹克球运动的装备与场地

第一节 匹克球拍

一、球拍的制作材料

匹克球拍最初采用木制材料制作，但在 1984 年，美国波音飞机工程师采用航空材料玻璃纤维来制作球拍，这种材料坚固而轻便。现在，匹克球拍的材料种类多样，包括较轻的玻璃纤维、EVA、PE 材料、蜂窝纸、混合材料和碳纤维板等（见图 2-1）。

二、球拍的结构

匹克球拍由拍面和拍柄组成，拍面包括基板、两层发泡胶膜层和两层碳纤维层。两层碳纤维层分别覆盖在基板的两个表面上，而发泡胶膜层则位于碳纤维层和基板之间。通过高温高压的贴合过程，发泡胶膜层和碳纤维层可以牢固地粘合在基板上，从而减少了球拍的制作步骤，提高了生产效率。铝蜂窝板是基板的主要组成部分，它具有轻重比低、抗压性好等特点，能够减轻使用者的体力负担并延长球拍的使用寿命。碳纤维层采用高弹性碳纤维制成，这种材料可以让使用者更轻松地将球击打出去。碳纤维层的内表面具有多个凹槽，凹槽内填充高弹性橡胶，从而提高了碳纤维层的弹性。发泡胶膜层的厚度为 1 ~ 2 mm，可以起到减震效果。此外，拍柄表面还覆盖有一层防滑套，防止使用者由于手心出汗而无法握紧球拍。

球拍包边和柄盖，长度加宽度总和等于或小于 60.96 cm，整拍长度等于或小于 43.18 cm，厚度和重量没有限制。

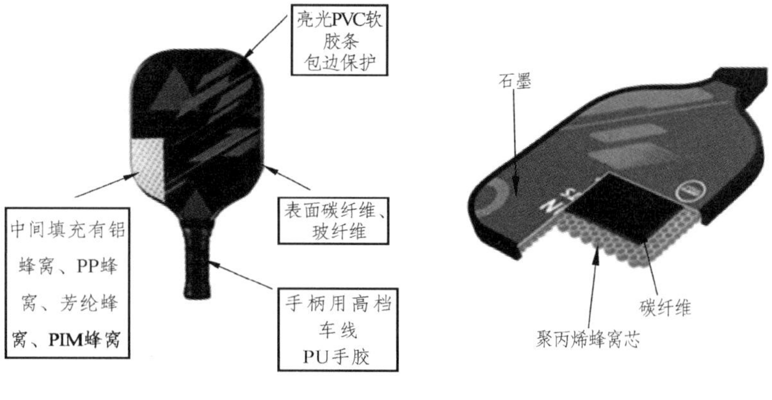

图 2-1　球拍的制作材料和结构

三、球拍的规格要求

1. 材 料

球拍须由安全材料制造，并且是刚性、不可压缩的。

2. 表面粗糙度

球拍表面不得有孔洞、凹陷、粗糙纹理或任何能为球施加过多旋转的物体或特征。测量球拍的粗糙度和摩擦特性有两种方法：

（1）使用 Starrett SR160 表面粗糙度测试仪（或等效设备）。允许的粗糙度极限为 Rz 读数（峰谷平均最大高度）的平均值不得大于 30 μm，Rt 读数（峰谷最大高度）的平均值不得大于 40 μm，且需在 6 个不同方向上进行测量。

（2）基于 ASTM D1894-14 标准的摩擦系数测试，用以测量通用摩擦特性，球拍的最大动摩擦系数值不得超过 0.1875。

3. 反光性

球拍表面不应具有过强的反光性，以免影响对手视线。球拍光泽度不得超过 80 GU。光泽度测量应采用 60° 的通用测量角度，并使用 ETB-0833 自校准 20°/60°/85° 表面光泽仪 0-200 GU 或同等设备进行测量。

4. 图 案

球拍上的文字或图像要雅观。

5. 尺 寸

包括边缘保护和底帽在内的球拍长宽之和不得超过 24 英寸（60.96 cm）。球拍长度不得超过 17 英寸（43.18 cm）。球拍厚度和重量没有限制。

6. 改 装

改装过的球拍必须符合所有规格要求。对于商业制造的球拍，允许的改动或添加附件包括：边缘保护带、铅胶带、改变握把尺寸或手胶，以及球拍表面上的姓名贴纸 / 其他标识。贴纸和胶带不得超出握把顶部 1.0 英寸（2.54 cm）或球拍外缘内侧超过 0.5 英寸（1.27 cm），如果有边缘保护，则不得超过边缘保护内侧 0.5 英寸（1.27 cm）。球拍表面允许有手写标记，只要它们不影响表面粗糙度并且雅观。除了“手写”笔迹标记外，球拍上不允许再添加其他图案。

7. 型号标识

制造商须在球拍上明确标注品牌和型号名称/型号编号。对于具有不同核心材料、表面材料或其他显著差异的球拍，必须标注不同的名称或编号。品牌和型号信息可以印制在贴纸上，但此贴纸不得超出握把顶部 1.0 英寸（2.54 cm）的高度，或者超出球拍外缘或（如果有边缘保护）边缘保护内侧 0.5 英寸（1.27 cm）的宽度。

四、禁止球拍的表面特征和机械特性

（1）不允许使用防滑漆或任何砂粒、橡胶或乙烯基化合物的质地漆，以及任何可能增加旋转的材料。

（2）不得使用橡胶或合成橡胶。

（3）不得具有类似砂纸的特性。

（4）不得具有能增大头部动量并显著提高力量的活动部件。

（5）不得具有可拆卸部件。除了球拍握把调整/手胶，以及球拍边缘的铅胶带外，不允许有其他可拆卸部件。

（6）禁止使用弹簧或类似弹簧的材料、柔性薄膜或任何可压缩材料，以产生反弹效果。

（7）不得使用任何形式的电力、电子或机械辅助。

五、球拍的选择

判断一个球拍是否是好拍子，可以从以下几个关键点考虑：

1. 手 感

球拍的手感应该与使用者期望的击球效果相符合。好的球拍应该能够提供稳定的击球感觉，让使用者能够准确地控制球的方向和速度。

2. 甜区范围

甜区指球拍的中心区域，也就是最容易产生理想效果的区域。好的球拍应该有一个较大的甜区范围，这样即使球击中甜区边缘，球的响应也不会有太大的差别。相比之下，便宜的球拍通常在中心区域外的位置，响应效果差别较大。

3. 弹 性

弹性主要适用于进攻型球拍。弹性越大，回球的速度和力量就越大，对手接球的难度也就越大。

4. 拍面摩擦系数

官方对于球拍的摩擦系数有规定，要求其不能过高。较高的摩擦系数会增加球的旋转，从而增加对手回球的难度。

上述几个关键点可以帮助你判断一个球拍是否是好拍子，以满足你的击球需求，提高比赛表现。

第二节 匹克球

匹克球由耐用的塑料制成，整个球体使用统一的颜色（识别标志或者商标除外）。通过验证的球都可以用于室内或户外，只是26孔球常用于室内，40孔球常用于户外。

1. 制 作

球体应由耐用材料制成，表面光滑无纹理。球的颜色应保持一致，识别标记除外。接缝处允许有轻微的凸起，只要不显著影响球的飞行特性。

2. 尺 寸

球直径应在 2.87 ～ 2.97 英寸（7.29 ～ 7.54 cm）之间，最大圆度偏差不得超过 ± 0.020 英寸（0.51 mm）。

3. 重 量

球的重量应在 0.78 ～ 0.935 盎司（22.1 ～ 26.5 g）之间。

4. 弹跳性

从 78 英寸（198.1 cm）高度自由落体到至少 12 英寸（30.5 cm）× 12 英寸（30.5 cm）× 4 英寸（10.2 cm）的花岗岩表面上，球的弹跳高度应在 30 ～ 34 英寸（76.2 ～ 86.4 cm）之间。测试环境温度为 70 ± 5°F（21 ± 2.8℃）。

5. 压缩性

按照 ASTM F1888-09 标准进行测试，平均压缩测试结果应小于 43 LBF。对每个球体将进行两次测试：一次是施加在球缝线（如适用）垂直方向的负载，另一次是施加在球缝线（如适用）平行方向的负载。如果没有缝线，那么球体将在一个随机位置进行一次测试，第二个测试位置将在第一个位置的大约 90° 处。

6. 设 计

球体应有 26 ~ 40 个圆形孔，孔间距和球体整体设计应符合飞行特性及要求（见图 2-2）。

图 2-2 匹克球

第三节 匹克球场地

匹克球场是一个长方形的场地，它和羽毛球双打场地的大小等同。匹克球场地有室内和户外两种类型（见图 2-3）。室外场地通常是用彩色水泥铺设的，周围被铁丝网围住。而室内场地则多数与羽毛球场共用，或者在专门的匹克球馆内。地面采用与羽毛球场相同的架空结构，上面铺设专用的运动地胶，高度通常为 6 ~ 9 m。因此，匹克球的室内场地一般与羽毛球馆共享使用。

（a）室外场地

（b）室内场地

图 2-3　匹克球场地

1. 场地尺寸

匹克球场地大小为 44 英尺 ×20 英尺（约为 13.41 m×6.10 m），球网中间高度为 34 英寸（86.36 cm），两边高度为 36 英寸（91.44 cm）。球场底线后要预留 10 英尺（约 3.05 m）以上的距离，边线外要预留 5 英尺（约 1.52 m）以上的距离。线宽为 2 英寸（5.08 cm）。室内球场顶高至少为 20 英尺（约 6.10 m），如图 2-4 所示。

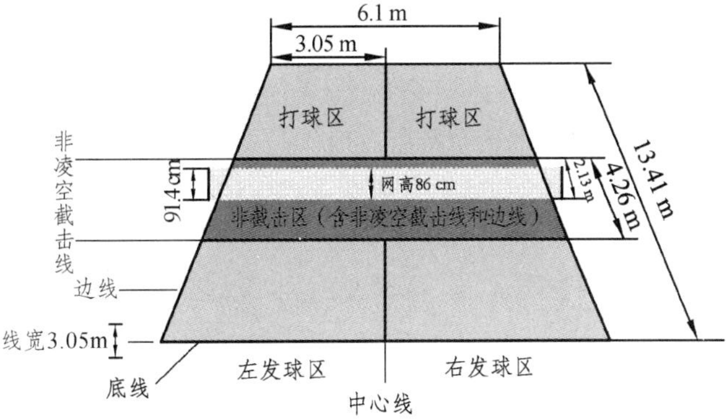

图 2-4　匹克球国际标准球场示意图

2. 非截击区

球网两侧各 7 英尺（约 2.13 m）范围地面区域称为非截击区（Non Volley Zone，NVZ），又称“厨房”（Kitchen）。截击前、中、后，球员身体任何部位（包括球拍和饰物）不得触碰到非截击区。

3. 表面材料

球场表面应为硬地面，可以为混凝土、沥青或硬质地胶（丙烯酸）等，表面可以有硅砂纹理。

第四节 服装与配件

一、服 装

1. 衣 服

匹克球的运动服必须具备透气、排汗的特性，肩部和裆部需要足够宽松，以确保不会影响击球和跑动。男性运动员穿着短袖上衣和短裤，女性则通常选择不超过膝盖长度的上衣，下身选择短裙或短裤的运动服。女性的运动服设计应该避免腰部和腹部过于紧身，以确保呼吸顺畅。此外，短裤和短裙都应该配有口袋，方便存放匹克球，这样即使出现失误也可以快速进行第二发球，而不会因为捡球而影响发球的节奏。

2. 鞋

除了球拍之外，鞋子是匹克球运动中最重要的装备之一。一双专业的匹克球鞋对于从事这项运动的人来说是必不可少的。匹克球鞋的底部通常采用树胶制成，而适合的匹克球鞋应该具备以下几个特点：

（1）鞋底提供足够的抓地能力，使穿着者在运动时不会滑倒，并能够获得良好的蹬地启动和制动能力。

（2）鞋中底具有减震作用，可以减小运动对踝关节和膝关节的冲击，从而减小运动员的受伤风险。

（3）鞋帮具有支撑作用，可以在侧向移动时保护踝关节，避免受伤。

（4）内底舒适，脚感好，可以提供更好的穿着体验。

二、配 件

1. 手 胶

新购买的球拍拍柄上通常自带一层底胶，因此需要在底胶上再缠绕一层手胶（也称为吸汗带）。手胶可以起到吸汗的作用，防止手部出汗导致握拍不牢，同时可以使握拍更加舒适。

2. 拍 套

通常来说，一个球拍套只能够容纳一把球拍。球拍套的作用包括隔热、防水、防尘以及防划伤。此外，拍套的背带也方便携带球拍。

3. 拍 包

拍包的作用与拍套类似，但是一个拍包可以容纳多把球拍。拍包不仅可以用来装球拍，还可以用来装手胶、汗巾、发带、护腕、帽子、衣服和鞋子等匹克球配件和装备。因此，拍包是匹克球运动员出门比赛或者训练时必不可少的装备之一。

4. 帽 子

在室外比赛时，强烈的阳光会对运动员的击球产生影响，特别是在击打高压球和托球时，光线的影响可能会降低击球的质量。为了消除阳光的影响，运动员可以佩戴一顶帽子。同时，帽子还可以起到面部防晒的作用。通常女性运动员佩戴的球帽没有帽顶。

5. 发 带

发带的主要作用是吸汗和阻挡汗水。发带可以有效防止头部汗水流入眼睛，同时也可以起到一部分防晒的作用。常见的发带有两种形式：一种为系带式，另一种为松紧式。

6. 护 腕

毛巾式护腕的主要作用是阻挡汗水和擦拭汗水。一方面，阻挡手臂的汗水流到拍柄或持拍手上；另一方面，使用护腕擦拭脸部汗水。

7. 毛 巾

激烈运动过程中会产生大量汗水，备一条毛巾是非常必要的。毛巾可以及时擦拭面部、手臂、手部，避免汗水对击球产生负面影响，还可以避免因汗水滴在地面来不及擦干净而导致滑倒受伤。

第三章

匹克球基本技术

匹克球的基本技术包括握拍法与准备姿势，正手击平远球、反手击平远球、网前小球、进攻挑高球、防守挑高球、截击球、吊球、高压球等，下面分别对各种匹克球技术进行详细介绍。

第一节 握拍法

一、情景导入

大家在观看了高水平匹克球比赛和没有经过匹克球技术学习的普通群众休闲锻炼，就会发现其击球握拍有所不同，这就是专业与非专业之间的最简单的差别。握拍技术是匹克球运动最基本的技术，也是初学者首先要掌握的基本技术，握拍是否正确，关系到之后匹克球学习的提高程度。现在让我们一起来探究匹克球握拍的相关知识。

二、技术学习

1. 球拍的结构

在学习握拍之前，先了解球拍的结构，尤其是拍柄的结构（见图 3-1）。球拍由拍面、拍边和拍柄组成。拍柄有八个面，分别是左上斜面、左垂直面、左下斜面、下平面、右下斜面、右垂直面、右上斜面和上平面。在讲解握拍时，通常会描述到左上斜面、右上斜面和上平面，大家要熟悉这三个面的位置。

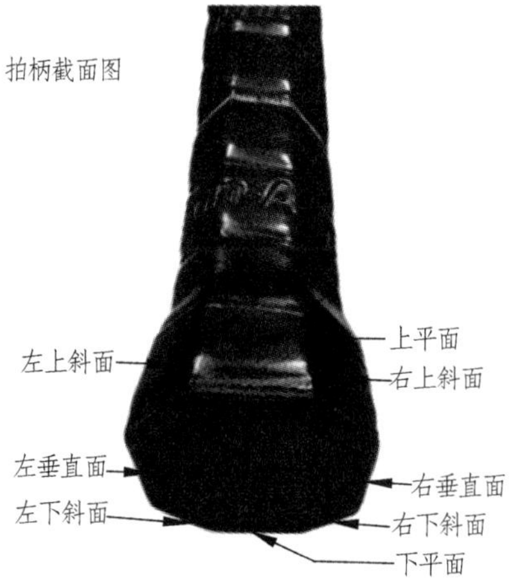

图 3-1 拍柄结构图

2. 握拍方法

在匹克球运动中，最基本的技术就是握拍法，它直接影响拍面接触球的角度，不同的握拍方法会产生不同的击球效果。因此，合理的握拍方法是保证击球效果的前提。不管采用何种握拍方式，必须明确一点，就是在不同的击球手法、不同的场地以及不同的情景下，需要在标准的握拍方式基础上进行调节。

匹克球击球的基本握拍法有大陆式和东方式两种。两种握拍法各具特点，以适合自己的为佳。

（1）大陆式。

大拇指与食指形成的 V 字形虎口对准拍柄的上平面与左上斜面的相交棱线。手掌心贴拍柄，手指自然伸展握住拍柄［见图 3-2（a）］。

（2）东方式。

正手：大拇指与食指形成的 V 字形虎口对准拍柄右上斜面与上平面的相交棱线。手掌心贴拍柄，手指自然伸展握住拍柄［见图 3-2（b）］。

反手：大拇指与食指形成的 V 字形虎口对准拍柄左上斜面。手掌心贴拍柄，手指自然伸展握住拍柄［见图 3-2（c）］。

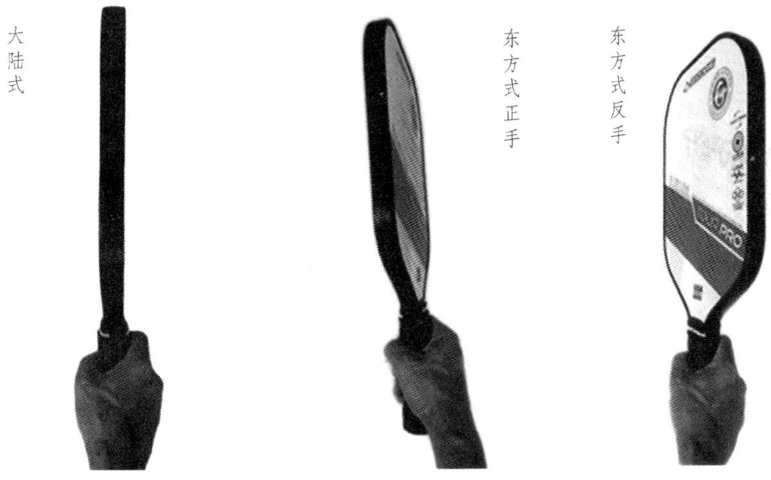

（a）　　（b）　　（c）

图 3-2　握拍法

3. 握拍法的选择

在匹克球对打的过程中，握拍法的选择可根据不同的技术和击球者的水平级习惯进行。如正手发球、高位截击和高压球技术采用东方式握拍法，底线低手位击球如低手位吊球、被动挑高球通常采用大陆式握拍法。也就是说，击球点在膝盖以下的来球采用大陆式握拍法，击球点在膝盖以上的来球采用东方式握拍法。由于大陆式握拍法比较简单，击球时不用转换和考虑任何拍面的角度，初学者通常更习惯于采用大陆式握拍法来击球。匹克球技术水平高的运动员总会根据不同的来球和击球点选择不同的握拍方法。

4. 拍面的角度

根据球拍击球时球拍与地面的角度不同，拍面分为三种：垂直拍面、开放拍面和关闭拍面。技术动作不同，采用的拍面角度亦不同。例如腰部位置平击球时，采用垂直拍面，接触球的中后部；削击球时，采用后仰拍面（也就是开放拍面），击球的中下部；高位截击时，采用前倾拍面（也就是关闭拍面），击球的后上部。因此，了解不同拍面角度的击球对初学者很必要。

（1）垂直拍面。

垂直拍面是指击球触球瞬间，拍面与地面垂直，如图 3-3 所示。这样的拍面击球能打出穿透力强劲的平击球，追击对方身体或者威压对方后场。在正反手击球和发球以及一些截击时，用垂直拍面击球可以保持优势地位。

图 3-3 垂直拍面

（2）开放拍面。

开放拍面是指拍面与地面间的角度小于 90°，也就是后仰拍面，如图 3-4 所示。开放拍面的角度，取决于击球时的高度。在发球、击高球、半截击下旋球和低点位击球时，使用开放拍面。

图 3-4 开放拍面

（3）关闭拍面。

关闭拍面是指拍面与地面间的角度大于 90°，也就是前倾拍面，如图 3-5 所示。关闭拍面一般用于高压球、高位截击和上旋球。关闭拍面击球时，由于拍面充分接触球的表面，能使球充分旋转，但如果挥拍没有向上提拉，很容易造成下网失误。

图 3-5 关闭拍面

三、实操训练

（1）击球手握住拍柄，利用手指运动做上下移动拍柄练习。

（2）击球手握住拍柄，利用手指运动做顺时针和逆时针旋转拍柄练习。

（3）击球手握拍，做东方式正手和反手握拍交换练习。

（4）做正、反手交替对墙连续击球练习。

四、考核评价

被测试者能快速灵活转变正反手握拍法。

第二节 球的旋转

一、情景导入

乒乓球是我国的国球，普及程度最高，相信大家都很了解乒乓球运动。乒乓球运动最大的一个特点就是球的旋转性，就是击球时，球拍给球的作用力不通过球心时，球就会产生旋转。了解乒乓球的旋转规律是打好乒乓球的前提。匹克球虽然没有乒乓球旋转强烈，但是如果不了解其旋转规律，同样会造成回击困难。所以，要想提高匹克球运动水平，也必须了解匹克球的旋转规律。接下来让我们一起来学习匹克球的旋转知识。

二、技术学习

匹克球的旋转分为上旋球、下旋球、侧旋球和平击球。

1. 上旋球

上旋球指击球时，球拍与球接触瞬间，球拍前倾，由下向前上方以摩擦的方式切击球的中上部，而产生的旋转球。上旋球的特点是空中飞行时下坠比较快，球弹地后会向前飞行，弹得比较低且快，有利于制造深和大角度的斜线球，给接球者造成困难，如果判断不及时，回击球容易失误（见图 3-6）。

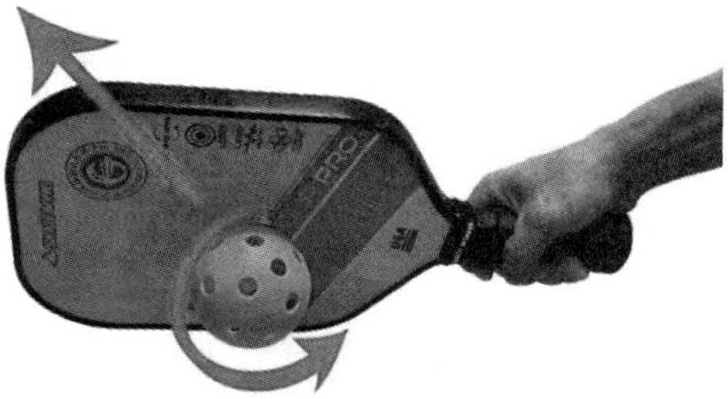

图 3-6 上旋击球

2. 下旋球

下旋球指击球时，球拍与球接触瞬间，拍面后仰，由上向前下方以摩擦的方式切击球的中下部，而产生的旋转球。下旋球的特点是空中飞行时下落比较慢，球落地后弹得比较高，并且弹地后不向前飞行，给接球者造成困难，如果判断不及时，往往够不着击球点，导致接不到球。下旋球的落点容易控制，可以打对方的深区，也可以作为变换旋转的打法，以打乱对方的节奏，迫使对方回球失误（见图 3-7）。

图 3-7 下旋击球

3. 侧旋球

侧旋球指击球时球拍外斜，由后部向内侧挥动，使球产生左侧（右侧）旋转。这种球呈向外侧的弧线飞行，落地后向外弹跳，常用于正拍右侧场区直线进攻或者左侧场区斜线进攻。在实践中，侧旋一般结合上旋球或下旋球使用，增加对手的判断难度（见图 3-8）。

图 3-8 侧旋击球

4. 平击球

平击球指挥拍击球的路线稍向上，弧度较小，击球瞬间拍面与地面角度接近垂直。

运动员在大力发球或上网高压扣杀时，为了把拍面的冲击力最大限度地传递到球上，球拍运动的轨迹与球飞行的轨迹几乎一致，这时拍面冲击力穿过球心，击出的球基本不旋转。平击球的特点是冲力最大、速度最快，球落地后向前冲力大，球的飞行路线较平直，但控制力较差，大力击球时失误率较大（见图 3-9）。

图 3-9 平击球

5. 回击旋转球

（1）使球产生旋转的操作方法。

① 尽可能增大作用于球的力矩，这可以通过以下两种方法来实现：

- 在击球力量相同的情况下，增大力臂长度可以使球的旋转速度更快。
- 在力臂长度相同的情况下，增大击球力量可以使球的旋转速度更快。

② 使用球拍顶端部位击球时，可以使用线速度较大的部位击球，有利于增强球的旋转。

③ 适当改进球拍性能，如增大拍面的摩擦系数，前提是符合规则。

（2）回击不同旋转球的操作方法。

① 调节拍面角度和拍面方向，以对付旋转。

当面对上旋球时，拍面应该前倾，向前发力多些；而当面对下旋球时，拍面应该比面对上旋球时前倾角度小些，或者稍微仰起，向上发力多些。

② 用力量对付旋转。

当面对偏高的球时，可以采用近似直线的抽击回球，通过大力抽击削弱来球的旋转作用力。在回击低球时，主动发力越大，就越能减弱来球的旋转作用力。因此，在训练中应该注重提高挥拍速度和击球爆发力，把技术建立在自己主动用力的基础上。

③ 以转制转，以不转制不转。

顺着来球旋转击球，即可以借助来球的旋转力，提高自己回球的旋转强度，如以拉对削或以削对拉。而逆着来球旋转击球则主要靠自己发力，对于使用磨砂拍面效果更好。但是要注意，在逆着来球旋转击球时，拍与球之间切向相对速度显著增大，易“吃转”，应注意调整拍面和发力方向。

三、实操训练

（1）原地左右削击球颠球练习。

（2）行走中左右削击球颠球练习。

（3）对墙做正手下削击球练习。

（4）对墙做反手下削击球练习。

（5）对墙做正反手交替下削击球练习。

（6）在球场做下旋球、上旋球和侧旋球发球练习。

（7）在球场两人相互做旋转击球练习。

四、考核评价

被测试者清楚对方回击球的旋转方向，懂得回击不同旋转球的操作方法。

第三节 移动步法

一、情景导入

羽毛球运动在我国普及率很高，相信大家都熟悉羽毛球运动。大家在观看羽毛球比赛时，看到运动员移动疾速，很多被动球都能回击，这是因为运动员掌握了熟练的步法技巧。同样，步法也是匹克球运动的一项很重要的基本技术。因为匹克球的步法和手法（即各种击球技术）是相辅相成、不可分割的，匹克球运动员跑动迅速、步法灵活对比赛起着至关重要的作用。正确的步法对于各种击球技术的学习和掌握至关重要，因为许多技术都需要熟练、快速和准确的步子移动来完成。如果没有正确的步法，就无法灵活和迅速地移动，就会影响各种击球手法的学习和掌握。同时，如果步子不到位，就会使手法失去应有的积极作用。因此，我们需要掌握匹克球的移动步法知识。现在让我们一起来探究匹克球的移动步法知识。

匹克球的基本移动步法有并步、垫步、跨步、跳步、交叉步五种。根据用途，移动步法可分为上网步法、后退步法和两侧移动步法。根据运动员在场上的位置和来球的距离，可以采用一步到位击球或两步、三步移动到位击球。对于右手持拍者而言，最后一步通常是跨过右脚，这样可以更好地完成到位击球。

二、技术学习

1. 基本步法

（1）并步。

并步，也称为滑步，其移动方法是一只脚先移动，另一只脚紧随其后，向先行脚靠拢，完成移动。在并步时，身体重心变换快速，但移动速度相对较慢，因此通常用于近距离移动（见图 3-10）。

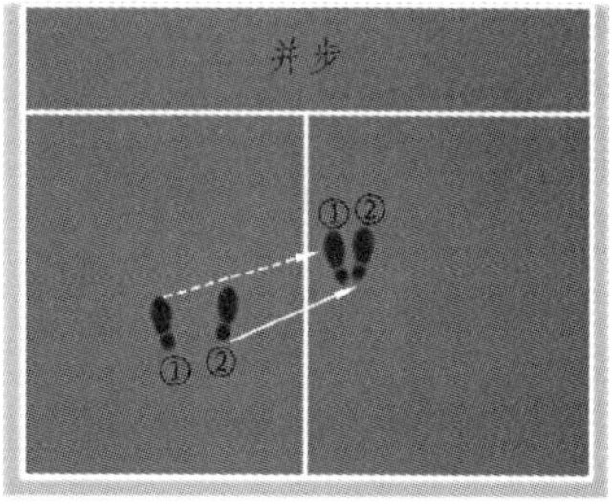

并步步法教学视频

图 3-10 并步步法示范

（2）垫步。

垫步是匹克球运动中常用的一种快速应急补救步法。其移动方法是支持脚做快速而短促的小步移动，然后通过瞬间控制自身速度，为接下来的移动做好蓄能准备。在跳步时，腾空的高度不应过高，几乎是贴地飞行，同时要保持良好的平衡，这对于向下一个动作移动非常重要。垫步通常用于步法间的衔接（见图 3-11）。

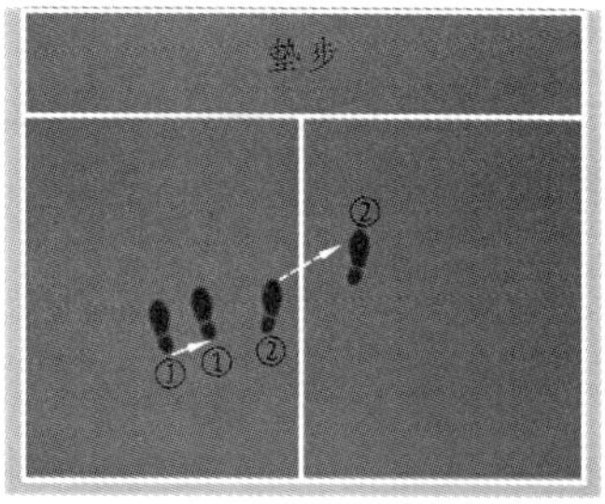

垫步步法教学视频

图 3-11 垫步步法示范

（3）跳步。

采用跳跃式击球步法，是为了争取击球时间和获得击球高度，可以利用跳步完成各种击球动作。跳步主要分为原地跳步和移动跳步两种。原地跳步是通过单脚左右轮换弹跳或双脚同时原地弹跳，使身体始终保持动态，随时启动移动步法。而移动跳步则是向前或侧面蹬地，双脚同时跳起并完成移动。这两种跳步方式都可以帮助运动员更好地完成各种击球动作（见图 3-12）。

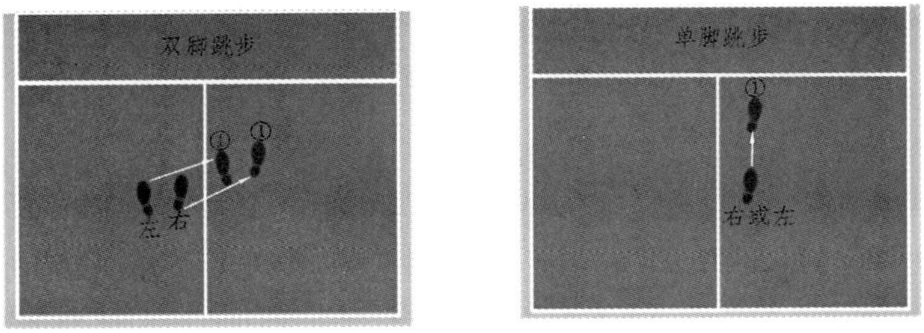

图 3-12 跳步步法示范

跳步步法教学视频

（4）跨步。

跨步是匹克球运动最常用到的一种移动步法，其移动方法是一步向前（或向后、向左、向右）跨步，并伴随手臂完成击球。步法间的调整多用跨小步跨大步，跨步是低手位击球的重要步法（见图 3-13）。

跨步步法教学视频

图 3-13 跨步步法示范

（5）交叉步。

交叉步在匹克球运动中也经常用到，包括前交叉步和后交叉步两种。前交叉步是指先迈出一侧步，然后脚内侧用力蹬地，再向前迈出另一只脚，如此循环直到击球点。后交叉步则是先迈出一小侧步，然后另一只脚跟随着向第一脚后迈出第二步，如此循环直到击球点。这种步法通常用于处理距离较远，需要做出大幅度移动击球动作（见图 3-14）。

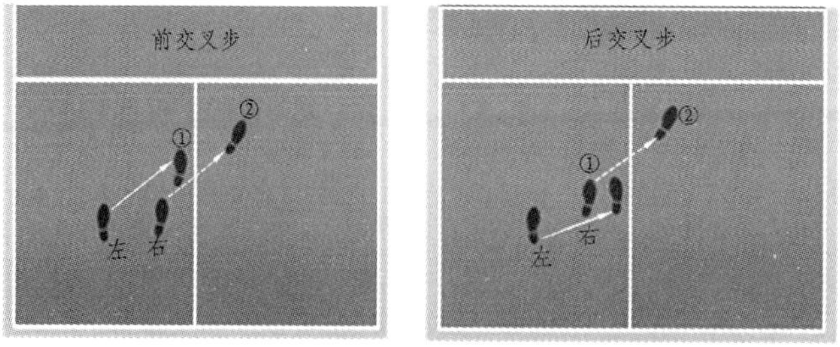

交叉步步法教学视频

图 3-14 交叉步步法示范

2. 击球步法

在移动步法接近球后，为了打出各种高质量的球，必须采用适合的站位。击球步法是在移动步法调整到位后，最后完成击球动作时所采用的专门步法。在击球时，支持腿的位置的确定是移动重心的关键，然后另一只脚向击球方向迈进。常用的击球步法包括关闭式步法、开放式步法、半开放式步法和弓箭步式步法。

（1）关闭式步法。

关闭式步法是匹克球运动的一种主动击球姿势。其移动方法是双脚前后站立，在击球前，身体重心在右脚（以右手为例），而在击球时，重心会转移到左脚。这种步法通常用于后场或者中场侧身迎接来进行回击平远球或者高压球。在使用关闭式步法击球时，需要充分利用身体重心的前后移动来发力击球，因此要保证向前腿转移重心的协调性。图 3-15 是关闭式步法示意图。

图 3-15 关闭式步法

（2）开放式步法。

开放式步法是匹克球运动前场封网截击的一种姿势。其移动方法是双脚平行开立，双脚比肩宽，膝盖微曲，重心在两前脚掌内侧。在使用开放式步法击球时，主要利用腰部转动来发力。因此，击球时重心落在右脚上，在击球点的同侧腿蹬地、转腰、发力后，支持力量会落在另一只脚上。通常，这种步法常用于网前快速截击球。图 3-16 是开放式步法示意图。

图 3-16 开放式步法

（3）半开放式步法。

半开放式步法是匹克球运动前场截击的一种姿势。这种步法是双脚与底线大约呈 45°，介于关闭式和开放式两种步法之间。在使用半开放式步法击球时，发力的方式基本上与开放式步法相同，支撑点在两脚之间偏向右脚。在蹬地、转腰发力击球后，支撑力量会落在左脚上。图 3-17 是半开放式步法示意图。

图 3-17 半开放式步法

（4）弓箭式步法。

弓箭式步法是匹克球运动被动击球的一种姿势，即在击球时，握拍手的同侧脚跨出大步。使用这种步法时，注意跨步要大，脚跟先着地，脚掌稍微外展，后腿要有回收动作，以便回到原位。这种步法通常用于快速应对被动低球。图 3-18 是弓箭式步法示意图。

图 3-18 弓箭式步法

三、实操训练

（1）对着镜子做各种单个击球步法练习。

（2）从中心位置开始，做向前左右、后左右和左右两侧的步法移动练习。

四、考核评价

用数字 1 ~ 4 分别代表各种击球步法，听到数字口令能迅速准确做出各种击球步法，并熟练掌握。

第四节 技术动作的基本结构

一、情景导入

在匹克球运动中，每个击球技术都需要一系列相互联系和相互作用的基本环节来完成。这些环节科学地结合起来，便成为动作结构。匹克球的击球技术形式多样、方法各异，但每项技术的动作结构都遵循相同的规律。了解和掌握这些规律，可以有效地帮助和促进击球技术的掌握。现在让我们以上肢击球动作来探究匹克球技术动作基本结构。

二、技术学习

在匹克球运动中，无论是前场、中场、后场还是发球，上肢击球动作结构都包括准备姿势、引拍动作、挥拍击球动作和随挥动作。一个合理的准备姿势，可以帮助身体迅速做出正确的击球动作。

1. 准备姿势

准备姿势是双脚前脚掌着地。双肩自然打开，持拍手握拍，非持拍手托拍页，置于体前胸腹位置，拍头微微上扬，肘部放松下垂。目视前方，观察对手位置与击球动作。

2. 引拍动作

在击球前，需要向与击球方向相反的方向引拍，以便为发力和拍面角度变化留出足够的空间，从而使击球时获得更强大的动力。这个过程就像射箭拉弓一样。引拍动作的成功与否，会直接影响到击球的效果。在匹克球比赛中，前场、后场和中场的击球技术方法不同，因此对引拍动作也有不同的要求。后场击球需要更大的力量，要求手臂充分后引，加大引拍动作幅度，为击球发力创造足够的空间；而中前场击球则需要速度更快、动作更短促，引拍幅度要小一些。图 3-19 是后摆引拍动作示意图。

（a）正手击球引拍姿势　　（b）反手击球引拍姿势

图 3-19 后摆引拍动作

3. 挥拍击球动作

挥拍击球动作是指从结束引拍动作开始向来球方向挥拍击球。要完成好这个动作，首先需要及时向前挥拍，争取最佳击球点；其次需要根据不同的击球技术要求，调整好向前挥拍的速度和力量；最后在挥拍击球的瞬间，需要通过前臂带动球拍的挥动，并在击球瞬间锁紧手腕，运用恰当的拍面角度，协调上下肢、躯干和击球战术意识，完成击球动作。图 3-20 是挥拍击球动作示意图。

（a）正手击球姿势

（b）反手击球姿势

图 3-20 挥拍击球动作

4. 随挥动作

击球后，由于运动惯性，前臂会随着挥拍继续向前上方挥动，并迅速回收到击球前的准备姿势，为下次击球做好准备。回收动作需要及时而干净利落，这样可以为下次击球做积极准备。如果回收动作不到位，就会影响到击球的稳定性和下次击球的连贯性。图 3-21 是随挥动作示意图。

（a）正手击球随挥姿势

（b）反手击球随挥姿势

图 3-21 随挥动作

三、实操训练

对着镜子反复做上肢击球连贯挥拍练习：每天练习 3 组，每组 15 次，组间休息 1 分钟，坚持练习一周。

四、考核评价

被测试者能正确协调做出上肢击球的连贯挥拍动作。

第五节 准备姿势

一、情景导入

不管做任何事情，都必须提前准备，才能有备无患，达到最好效果。匹克球运动也一样，要想在击球过程中争取最佳时机和击球点，就必须提前做好准备姿势。准备姿势是为挥拍击球做好身体准备的一种姿势，合理的准备姿势有利于身体迅速做出正确的击球动作。

二、技术学习

匹克球运动的准备姿势有两种：一种是底线区准备姿势，另一种是非截击区准备姿势。

1. 底线区准备姿势

在匹克球比赛中，正确的准备姿势非常重要。正确的底线区的准备姿势应该是：身体面对球网，双脚略宽于肩，膝关节微微弯曲，腰部挺直并配合重心前倾，双脚前脚掌着地。双肩应该自然打开，持拍手握拍，非持拍手托拍页，置于体前胸腹位置，拍头微微上扬，肘部放松下垂。在比赛中，需要时刻目视前方，观察对手的位置和击球动作，以便在第一时间做出反应。底线区准备姿势如图 3-22 所示。

(a) 正面姿势

(b) 侧面姿势

图 3-22 底线区准备姿势

2. 网前截击区准备姿势

在匹克球比赛中，非截击区的准备姿势与底线区的准备姿势略有不同。这是因为在非截击区击球的速度比底线区快得多，为了击打这些快速的截击，需要采用不同于底线区的准备姿势。当运动员靠近球网时，需要稍微提高重心，并用力握住球拍，将球拍抬至与胸部同一高度，这样可以更好地击出重击球，使球从球网上方飞过。如果运动员把球拍举得太低，就需要花费更多的时间去找发力截击的位置，很可能会打出一个不稳定的球，或者把球打到球网下方。网前截击区准备姿势如图 3-23 所示。

（a）正面姿势　　（b）侧面姿势

图 3-23　网前截击区准备姿势

3. 注意事项

（1）底线区准备姿势重心尽量降低并前倾，这样有利于大力击球和迅速向前移动上网。

（2）网前截击区准备姿势重心要提高，但是要保持膝盖微曲和脚跟离地，有利于短距离迅速移动；持拍尽量前伸远离身体，有利于提前快速截击。

（3）球拍要置于胸前，持拍手臂肘关节保持约 120°，拍头指向 11 点的方向。

4. 常见错误

（1）双脚间隔过大或过小。

（2）重心过于靠后。

（3）弯腰，收肩，拍头下垂。

三、实操训练

（1）对着镜子分别做底线区准备姿势和网前截击区准备姿势练习，每次坚持 1 分钟，每天坚持练习 3 组，每组 1 分钟，坚持练习一周。

（2）对着镜子由放松状态开始，快速做出底线区准备姿势、网前截击区准备姿势练习，每天坚持练习 3 组，每组 15 次，坚持练习一周。

四、考核评价

被测试者站在底线或非截击线附近，听到口令能迅速准确做出底线区准备姿势或网前截击区准备姿势。

第六节　发球技术

一、情景导入

发球是唯一一项不受对方影响的技术动作。拥有良好多变的发球技术，会给对手增加回击球的难度，对于占据场上优势有很大帮助。所以，发球技术决定比赛胜负的重要一环，大家必须认真学习和掌握各种发球技术，特别是正反手发球技术。接下来让我们一起学习发球技术。

二、技术学习

发球击球时可直接击放手球，也可以击放手弹地球。

正手发球技术教学视频

1. 正手发球技术（以右手为例）

准备姿势：两脚站在底线外，前后开立，比肩稍宽，膝盖微曲，左手持球于前方偏右的位置，右手持拍于体后侧，拍头向上，肘关节微曲。

击球动作：放球时同时跟着挥动球拍，挥拍时，身体先向左转动，跟着挥动手臂，最后手腕带动拍子，在右前方腰部以下位置将球击出。如果击旋转球时，通过前臂内旋或者外旋带动拍面转动切击球的右下部或者球的左下部，将球旋转击出。

随挥动作：击球后，由于惯性，前臂随球拍向前上方挥进，直至左肩上方，这时重心移至前脚。

还原动作：击完球后，迅速还原到击球准备姿势，准备迎击下一来球。

2. 反手发球技术（以右手为例）

准备姿势：两脚站在底线外，前后开立，右脚在前，比肩稍宽，膝盖微曲，重心在后脚或者在两腿之间，左手持球于左前方的位置，右手持拍于身体左后侧腰部位置，拍头向上。

反手发球技术教学视频

击球动作：放球时同时身体右转带动手臂挥动，最后手腕带动拍子，在左前方腰部以下位置将球击出。如果击旋转球时，通过前臂内旋或者外旋带动拍面转动切击球的右下部或者球的左下部，将球旋转击出。

随挥动作：击球后，由于惯性，前臂随球拍继续向右前上方挥进至右肩上方。

还原动作：击完球后迅速还原，身体回到击球准备姿势，准备迎击下一来球。

3. 注意事项

匹克球发球过程中要注意以下四点：

（1）放球瞬间，手臂要伸直，以便找到最佳击球点。

（2）挥拍时要从后到前，由下往上挥动，以防发球违例。

（3）击球时要锁住手腕，靠转体挥臂发力。

（4）击球瞬间，要注意保持正确的拍面角度（拍面垂直——平击发球，拍面后仰——下旋发球，拍面前倾——上旋发球，拍面向外——侧旋发球）。

4. 常见错误

初学者在发球时容易出现以下三方面的错误动作：

（1）没有转体动作，导致击球无力。

（2）屈腕发力，导致击球稳定性下降。

（3）过腰和过手击球，导致发球违例。

三、实操训练

（1）做无球挥拍练习，注意保持挥拍的后摆引拍、击球、随挥三个动作协调连贯，每天挥拍 3 组，每组 15 ~ 25 次。

（2）站在离墙壁 6 m 处，对墙做正反手发球练习，要求击中墙 91 ~ 150 cm 之间的高度，每次发完球后用手接住墙壁反弹回来的球。如此循环练习，每天练习 3

组，每组 15 ~ 25 次。

（3）站在场地底线处，做正反手发球练习，每天练习 3 组，每组 15 ~ 25 次。

四、考核评价

被测试者站在场地底下外，连续向对角发球 10 个球，将球发至对角发球区后半区域，要求球的飞行离网的上沿不能过高（发平弧线球），每发中 1 个球得 10 分，发中 6 个球得 60 分为及格，发中 10 个球得 100 分为满分。

第七节 正手击平远球

一、情景导入

将己方底线右方的来球大力回击至对方底线的低弧度球的击球技术称为正手击平远球技术。它是匹克球运动最重要的技术之一，也是接发回球压制对方常用的击球技术。没有掌握正手击平远球技术，表示你的匹克球运动水平还没有达到入门级别。因此，大家一定要认真学习并熟练掌握正手击平远球技术。接下来我们一起学习正手击平远球技术。

正手击平远球技术教学视频

二、技术学习

1. 动作方法（以右手为例）

准备姿势：两脚开立与肩同宽，双膝微曲，上体略前倾，重心落在前脚掌，右手握拍，左手轻扶拍面，肘部弯曲，球拍放在体前，拍面垂直于地面，拍头上扬，指向对方，两眼注视来球，准备击球。

后摆引拍：当判断来球需用正拍回击时，左脚向右前方迈步（或者右脚向右后方撤步），同时身体右转并将球拍后摆引拍于右后方肩部高度的位置，拍头稍上翘。

挥拍击球：当球飞至身体的侧前方时，以肩关节为轴，腰部用力向左转体，由上臂带动手腕发力向前挥拍，并在身体右前方腰部高度的位置击到来球。击球时拍面稍前倾，触球瞬间锁住手腕并握紧拍柄。

随挥动作：击球后，由于惯性，前臂随球拍向左前上方挥进至左肩上方，此时重心移至前腿，持拍手臂近乎打直，非持拍手自然摆至体后以保持身体平衡，目送球过网。接下来应尽快回到准备姿势，迎击下一来球。挥拍的整体趋势为从后下方到前上方。

2. 注意事项

（1）在匹克球比赛中（以右手为例），如果击打直线球，击球时拍柄所在直线和网带所在直线平行；如果击打左斜线球，需要提前击球，使击球时拍头早于拍柄，随挥的方向应该与预期的球路方向一致；如果击打右斜线球，则需要在引拍时让两肩、两脚连成一条直线，指向击球方向，然后随着挥拍的方向击球。

（2）在匹克球比赛中，当来球较低时，应该在引拍时多屈膝，以降低重心并迎接来球，切勿弯腰去击打低位置的来球，这样会影响到击球的稳定性和准确性。而当来球较高时，可以等待球下落至腰间再进行击打，也可以相应地提高引拍点和击球点，在球落至胸部高度时击球。这样可以更好地控制击球的高度和速度，使得击球更加准确和稳定。

（3）击球时拍面上扬程度越大，球下旋就越明显；反之，平击效果更加明显。可根据所期待击球效果来调整拍面角度。

（4）在匹克球比赛中，当来球速度快、力量大时，适合使用平击进行回击。初学者可以在球落地一次后的下落阶段击球，此时球飞行距离长，准备时间充分，下落速度慢，有利于精准击球。而进阶阶段的运动员则可以练习在球落地一次后的上升阶段击球，这样可以更多地利用球本身的动能，也可以压缩节奏，减少对手的准备时间。这种技巧需要更高的技术水平和更快的反应速度，但是可以让选手在比赛中更加灵活和有效地回击对手的球。

3. 常见错误

初学者在学习正手击后场平远球时，容易出现以下错误动作：

（1）引拍时转体不够充分。

引拍时转体不够充分，导致击球的力量减小。这是因为转体不够充分会限制你的身体转动幅度，从而影响你的击球力量和速度。所以，在匹克球比赛中，引拍时要注意及时充分转动身体，这样可以更好地利用身体的转动力量来击球，提高击球的威力和效果。

（2）身体转动过早。

身体转动过早，导致泄力。这是因为在转动身体之前，需要先将球拍置于正确的位置，并在适当的时机用力击球。如果身体过早地转动，就会影响你的击球力量和准确性，甚至导致击球时失去平衡。所以，击球时要注意保持身体的平衡和稳定性，等待正确的时机再转动身体，这样可以更好地控制击球的力量和方向。

（3）引拍过高。

引拍过高，导致击球下网。这是因为在引拍时，如果球拍的高度过高，就会造成击球点过低，拍面前倾过大，造成击打出的球飞行弧度过低，很容易把球打到球网下方。所以，在匹克球比赛中，要注意控制引拍的高度，以确保击球点在正确的位置上，从而提高击球的准确性和稳定性。

（4）引拍过大。

引拍过大，导致击球点低和靠后，从而使得力量传导效率降低，控球难度增加。这是因为引拍过大会使得球拍的位置过高或过远，从而影响球的击打位置和力量传递。因此，在击球时要注意控制引拍的大小，确保球拍在正确的位置上，并使得力量能够顺畅地传递到球上，从而提高击球的效果和稳定性。

（5）击球时拍面下压。

拍面下压，会使得击球点过低，从而影响球的飞行轨迹，很容易将球打到球网下方。所以，在匹克球比赛中，要注意控制拍面的角度，确保拍面与地面垂直或略微向上倾斜，从而提高击球的准确性和稳定性。

（6）击球时拍面过于上扬。

拍面过于上扬，会使得击出的球过于往上飞行，很容易将球打出比赛场地。所以，在匹克球比赛中，要注意控制拍面的角度，确保拍面与地面垂直或略微向上倾斜，从而使得击球出的球飞行弧度合理，从而提高击球的准确性和稳定性。

（7）支撑腿蹬转力量不够。

由于支持腿的力量不够，在蹬转时会造成重心后仰，导致击球过低，并且击球无力。所以，在训练时要有意识加强腿部力量的锻炼，转体击球时支持腿要提前主动发力，让转体更加充分，并能找到最佳击球点，使击球更加有力量，从而打出更加有威力的回球。

（8）随挥动作不充分。

在击完球后，由于缺少随挥动作，收拍过早，导致挥拍力量没有充分发挥出来，造成击球无力和击球稳定性下降。所以，在主动大力击球时要充分转体，主动摆臂随挥球拍，让击球动作大方舒展，击球发力更加通透。

三、实操训练

（1）做无球正手挥拍练习，注意保持挥拍的后摆引拍、击球、随挥三个动作的连贯性，做 3 ~ 5 组，每组 20 ~ 30 次。

（2）站在距离墙壁 4 m 以外，做对墙连续正手击弹地球练习，做 3 ~ 5 组，每组 3 ~ 5 分钟。

（3）由同伴送多球，进行正手的击球练习，做 3 ~ 5 组，每组 25 ~ 35 次。

（4）两人一组，站在底线相互做正手击打直线球路对打练习，做 3 ~ 5 组，每组 25 ~ 35 次。

（5）两人一组，站在底线相互做正手击打斜线球路对打练习，做 3 ~ 5 组，每组 25 ~ 35 次。

（6）两人一组，站在底线用正手握拍法相互做一点打直线和斜线两点的对打练习。先固定线路练习，再逐渐加大难度对击不定点球路。做做 3 ~ 5 组，每组 20 ~ 30 次。

（7）两人一组，站在底线外，相互做正手击两条斜线对两条直线的球路对打练习。先固定球路练习，再不固定球路练习。做 3 ~ 5 组，每组 20 ~ 30 次。

四、考核评价

被测试者将测试者发至己方后场的球，用正手握拍法，回击至对方中后场区域，被测试者共 10 次回击球机会，击中对方中后场区域 6 次为及格，击中对方中后场区域 10 次为满分。

第八节　反手击平远球

一、情景导入

反手平击远球就是将己方底线反手方向的来球，用反拍面大力平击回至对方底线的球的一种技术。反手击平远球是业余选手弱项，要想进一步提高匹克球运动水平，必须熟练掌握反手击平远球技术。现在我们一起来学习反手击平远球技术。

反手击平远球技术教学视频

二、技术学习

1. 动作方法（以右手为例）

准备姿势：与正手击球动作相同。

引拍动作：当判断球在身体左旁时，要提前做好反手击球的准备。由准备动作开始上步（或撤步），同时身体左转动，持拍手在身体转动的带动下放至身体左侧后方腰部高度，非持拍手自然置于体侧后方，双脚间距约为 1.5 倍肩宽，屈膝以使重心降低，此时重心位于后腿或两腿之间。同时目视来球，做好向前击球的准备。此时身体右侧已面向来球方向。

击球动作：击球时，支撑腿（后腿）发力蹬地，跟着身体右转动，手臂带动球拍向击球点挥动，最后在左侧前方腰部高度击到来球，此时继续保持盯球。击球时拍形为拍面垂直于地面，拍柄与地面水平。

随挥动作：触球后，大臂主动向前推送球拍至右肩上方，手臂近乎打直，目送球过网。持拍手向前随挥的同时，非持拍手向后伸展，保持身体平衡。完成随挥动作时重心应已移至前腿。接下来应尽快还原至准备姿势，迎击下一来球。挥拍的整体趋势为从后下方到前上方。

2. 注意事项

（1）在匹克球比赛中（以右手为例），反手击打直线球时，击球时拍柄所在直线和网带所在直线平行；击打右斜线球时，需要提前击球，使击球时拍头早于拍柄，随挥的方向应该与预期的球路方向一致；而击打左斜线球时，则需要在引拍时让两肩、两脚连成一条直线，指向击球方向，然后随着挥拍的方向击球。

（2）在匹克球比赛中，当来球较低时，应该在引拍时多屈膝，以降低重心并迎接来球，切勿弯腰去击打低位置的来球，这样会影响击球的稳定性和准确性；而当来球较高时，可以等待球下落至腰间再进行击打，也可以相应地提高引拍点和击球点，在球落至胸部高度时击球。这样可以更好地控制击球的高度和速度，使得击球更加准确和稳定。

（3）击球时拍面上扬程度越大，球下旋就越明显；反之，平击效果更加明显。可根据所期待击球效果来调整拍面角度。

（4）在匹克球比赛中，当来球速度快、力量大时，适合使用平击进行回击。初学者可以在球落地一次后的下落阶段击球，此时球飞行距离长，准备时间充分，下落速度慢，有利于精准击球。而进阶阶段的运动员则可以练习在球落地一次后的上升阶段击球，这样可以更多地利用球本身的动能，也可以压缩节奏，减少对手的准备时间。这种技巧需要更高的技术水平和更快的反应速度，但是可以让你在比赛中更加灵活和有效地回击对手的球。

3. 常见错误

初学者在学习反手击后场平远球时，容易出现以下错误动作：

（1）引拍时转体不够充分。

引拍时转体不够充分，导致击球的力量减小。转体不够充分会限制你的身体转动幅度，进而影响击球力量和速度。所以，在匹克球比赛中，引拍时要注意及时充分转动身体，这样可以更好地利用身体的转动力量来击球，提高击球的威力和效果。

（2）身体转动过早。

身体转动过早，导致泄力。这是因为在转动身体之前，需要先将球拍置于正确的位置，并在适当的时机用力击球。如果身体过早地转动，就会影响你的击球力量和准确性，甚至导致击球时失去平衡。所以，击球时要注意保持身体的平衡和稳定性，等待正确的时机再转动身体，这样可以更好地控制击球的力量和方向。

（3）引拍过高。

引拍过高，导致击球下网。这是因为在引拍时，如果球拍的高度过高，就会造成击球点过低，拍面前倾过大，造成击打出的球飞行弧度过低，很容易把球打到球网下方。所以，在匹克球比赛中，要注意控制引拍的高度，以确保击球点在正确的位置上，从而提高击球的准确性和稳定性。

（4）引拍过大。

引拍过大，导致击球点低和靠后，从而使得力量传导效率降低，控球难度增加。这是因为引拍过大会使得球拍的位置过高或过远，从而影响球的击打位置和力量传递。因此，在击球时要注意控制引拍的大小，确保球拍在正确的位置上，并使得力量能够顺畅地传递到球上，从而提高击球的效果和稳定性。

（5）击球时拍面过于下压。

拍面下压，会使得击球点过低，从而影响球的飞行轨迹，很容易将球打到球网下方。所以，在匹克球比赛中，要注意控制拍面的角度，确保拍面与地面垂直或略微向上倾斜，从而提高击球的准确性和稳定性。

（6）击球时拍面过于上扬。

拍面过于上扬，会使得击出的球过于往上飞行，很容易将球打出比赛场地。所以，在匹克球比赛中，要注意控制拍面的角度，确保拍面与地面垂直或略微向上倾斜，从而使得击球出的球飞行弧度合理，从而提高击球的准确性和稳定性。

（7）支撑腿蹬转力量不够。

由于支持腿的力量不够，在蹬转时会造成重心后仰，导致击球过低，并且击球无力。所以，在训练时要有意识加强腿部力量的锻炼，转体击球时支持腿要提前主动发力，让转体更加充分，并能找到最佳击球点，使击球更加有力量，从而打出更加有威力的回球。

（8）随挥不充分。

在击完球后，由于缺少随挥动作，收拍过早，挥拍力量没有充分发挥出来，造成击球无力和击球稳定性下降。所以，在主动大力击球时要充分转体，主动摆臂随挥球拍，让击球动作大方舒展，击球发力更加通透。

三、实操训练

（1）做无球反手挥拍练习，注意保持挥拍的后摆引拍、击球、随挥三个动作的连贯性。练习 3 ~ 5 组，每组 20 ~ 30 次。

（2）距离墙壁 4 m 以上，做对墙连续反手击球练习。练习 3 ~ 5 分钟。

（3）由同伴送多球，进行反手单一球路的击球练习。练习 20 ~ 30 次。

（4）由同伴送多球，在底线做反手击打直线球路练习。练习 20 ~ 30 次。

（5）由同伴送多球，在底线做反手击打斜线球路练习。练习 20 ~ 30 次。

（6）由同伴送多球，在底线做反手一点打两点的练习。先固定球路练习，再逐步加大难度击打不固定点球路。练习 20 ~ 30 次。

（7）两人一组，用反手击打两条斜线对两条直线球路的练习。先固定球路练习，再逐步加大难度击打不固定点球路。练习 20 ~ 30 次。

四、考核评价

被测试者将测试者发至后场的球，用反手握拍法，将反手位的球回击至对方中后场区域，被测试者共 10 次回击球机会，击中对方中后场区域 6 次为及格，击中对方中后场区域 10 次为满分。

第九节 网前小球

一、情景导入

网前小球是匹克球运动最重要的击球技术之一，在匹克球运动中被广泛使用。它的英文名为“dink”，又称丁克球。该技术的目的是将球弹地回落在对方非截击区内，不给对方进攻的机会。虽然网前小球不是主要得分技术，但它可以用作战术过渡，帮助摆脱被动，延长对打时间，考验对手耐性，并制造进攻得分机会。因此，想要提高匹克球运动水平，掌握好网前小球技术至关重要。

网前小球技术教学视频

二、技术学习

1. 动作方法

正手放网前小球：由准备姿势开始，判断来球，快速向击球点移动，最后一步跨右步并降低重心，用东方式正手握拍法，向击球点伸拍迎球。击球时配合身体起伏，小臂带动球拍向前上方轻推，抬击球过网，使球落在对方分非截击区里。

反手放网前小球：由准备姿势开始，判断来球，快速向击球点移动，最后一步跨右步并降低重心，用东方式反手握拍法，向击球点伸拍迎球。击球时配合身体起伏，小臂带动球拍向前上方轻推，抬击球过网，使球落在对方分非截击区里。

2. 注意事项

（1）击球时，拍面要与地面保持 45° 左右的角度，以确保击球的稳定性和准确性。

（2）击球前握拍和身体要放松，击球瞬间手指要握紧拍柄，手腕不能有屈伸动作，用手臂向前轻推送击球。

（3）击球时要降低身体重心，利用身体重心的升高来带动球拍击球，切忌弯腰击球。

（4）为了增加进攻性并加快击球时间，尽量在球落地弹起阶段尽快将球击出。

3. 常见错误

初学者在学习击网前小球时，容易出现以下错误动作：

（1）握拍太紧，手腕屈腕发力。

击网前小球时，握拍太紧，手腕屈腕发力，会影响击球的稳定性和准确性，造成球飞离网上沿过高或者球不过网。

（2）移动慢，右脚跨步力量不够。

由于初学者下肢力量不足，移动速度慢，右脚跨步力量不够，造成抢不到最佳击球点，导致击球的稳定性下降。

（3）击球瞬间握拍太松，拍面与地面的角度太大。

击球瞬间握拍太松，导致击球力量不足，拍面与地面的角度太大，导致击球高度降低，容易造成击球不过网。

（4）弯腰击球。

由于初学者腿部力量不足，无法及时降低重心，往往弯腰迎球，导致控球能力下降，造成击球失误率高。

三、实操训练

（1）对墙击球练习：在距离练习墙 2 m 左右处自行抛球，对准墙上标志（高度与球网高度一致）进行正反手击网前小球练习，每次击球尽量打到不超过标志线和标志线上方 30 cm 的线内。做 3 ~ 5 组，每组 30 ~ 50 次。

（2）练习者站在网球，自己抛球分别做正反手击直线和斜线丁克球练习。做 3 ~ 5 组，每组 25 ~ 30 次。

（3）两人一组，在网前分别做正手对打斜线和直线丁克球练习。每种路线练习 3 ~ 5 组，每组 3 ~ 5 分钟。

（4）两人一组，在网前分别做反手对打斜线和直线丁克球练习。每种路线练习 3 ~ 5 组，每组 3 ~ 5 分钟。

（5）两人一组，在网前做正手一点打两点（直线和斜线交替）的丁克球练习。先固定球路练习，再逐步加大难度到不固定球路练习。每种路线练习 3 ~ 5 组，每组 3 ~ 5 分钟。

（6）两人一组，在网前做反手一点打两点（直线和斜线交替）的丁克球练习。先固定球路练习，再逐步加大难度到不固定球路练习。每种路线练习 3 ~ 5 组，每组 3 ~ 5 分钟。

（7）两人一组，在网前做两条斜线对两条直线或两条直线对两条斜线的丁克球练习。先固定线路练习，然后逐步过渡到不固定线路练习。每种路线练习 3 ~ 5 组，每组 3 ~ 5 分钟。

（8）两人一组，在网前相互做丁克球练习。练习 3 ~ 5 组，每组 3 ~ 5 分钟。

四、考核评价

测试者站在对面场地非截击线附近喂球，被测试者将球击回至对面非截击区内，采用正手和反手分别击直线球和斜线球各 10 次，总共 40 个球，分别成功击球 6 次为及格，成功击球 10 次为满分。

第十节 防守挑高球技术

一、情景导入

防守挑高球是一项可以改变对手站位的技术动作，分为正手防守挑高球和反手防守挑高球，它可以用来应对对手在网前对自己产生较大威胁的情况。这项技术可以将对手调回后场，同时为自己上网创造机会。如果己方后场吊球技术欠佳，或者对手上网匆忙，并且后场进攻能力较差，那么适当采用防守挑高球进行回击，就可以摆脱对方的威胁。下面我们一起来学习防守挑高球技术。

防守挑高球技术教学视频

二、技术学习

1. 动作方法

（1）正手防守挑高球。

引拍动作：由准备动作开始上步（撤步），屈膝以使重心降低，此时重心位于后腿或两腿之间。同时身体右转动，持拍手在身体转动的带动下引至身体侧后方腰部高度，非持拍手指向来球。眼睛目视来球，做好向前击球准备。

击球动作：随后支撑腿（后腿）发力蹬地，跟着身体左转动，最后手臂带动球拍挥向前方挥动，在右侧前方腰部以下击到来球下部，击球时拍形为拍面上扬。此时继续保持盯球。

随挥动作：触球后大臂主动向上推送球拍至左肩头部以上高度，此时手臂近乎打直，目送球过网。完成挥拍时重心应已移至前腿。接下来应尽快还原至准备姿势，迎击下一来球。挥拍的整体趋势为从后下方到前上方。

（2）反手防守挑高球。

引拍动作：由准备姿势开始，右脚上步（或者左脚撤步），同时身体左转，并带动持拍手臂引拍至左后侧腰部高度位置，拍头上扬，非持拍手自然置于体侧后方。

击球动作：击球时，后腿发力蹬地，身体转动，手臂带动球拍向击球点挥动。在右前方腰部位置击打球的下部，挥拍路线是由上往下，再由下往上弧形挥动，击球时拍面上扬。

随挥动作：触球后，大臂主导向上推送球拍至右肩头部以上高度位置，手臂近乎打直，非持拍手向后以保持平衡，目送球过网。完成挥拍时重心应已移至前腿。接下来应尽快回到准备姿势，迎接下一来球。

2. 注意事项

（1）应根据预期击球效果调整击球时拍面上扬角度、随挥中球拍向上推送的程度与向前推送的程度。

（2）更多的拍面上扬、更多的向上推送会带来更大弧度的击球。

（3）防守挑高球往往容易出底线，所以在击球时要注意球的飞行弧线要尽量大一些，保持球的飞行弧线的峰值在对方的中场区。

（4）在比赛中采用防守挑高球技术时，一定要了解对手的回位习惯和后场进攻能力，不可盲目挑高球。

3. 常见错误

初学者在学习防守挑高球时，容易出现以下错误动作：

（1）引拍不够低。

在击防守挑高球时，后摆引拍过高，造成击球点低和击打球的部位过低，导致击球弧度不够，击出的球容易出底线。

（2）蹬腿不充分。

击防守挑高球时，如果转身蹬腿不充分，就会过度利用小臂向上击球，导致击球稳定性下降。

（3）弯腰击球。

由于初学者腿部力量不足，无法及时降低重心，往往弯腰击球，导致控球能力下降，造成击球失误率高。

三、实操训练

（1）徒手或持拍做挥拍练习。注意保持挥拍的后摆拉拍、击球、随挥三个动作的协调性和连贯性。做 3 组，每组 20 ~ 30 次。

（2）站在距离墙壁大约 4 m 处，对墙连续做正反手挑高球练习，要求击中墙 3 m 左右的高度处。做 3 组，每组 30 ~ 50 次。

（3）站在后场，原地侧身对着网站立，左手自由落体式放球，右手挥拍挑高球。做 3 组，每组 20 ~ 30 次。

（4）喂球者站在侧前方相距 3 m 左右抛球，初学者站在底线中间，进行正反手挑高球练习。做 3 组，每组 20 ~ 30 次。

（5）两人一组，在底线做正反手一点打两点的挑高球练习。先固定线路练习，逐渐加大难度到不定点线路练习。做 3 组，每组 20 ~ 30 次。

（6）两人一组，在底线做两条斜线对两条直线的挑高球练习。先固定线路练习，然后不固定线路练习。做 3 组，每组 20 ~ 30 次。

四、考核评价

测试者站在侧边喂球，被测试者将球挑高击回对方后场区内，高度以不被对方跳起拦击为准，正手和反手分别击 10 次球，共 20 个球，分别成功回击 6 次为及格，成功回击 10 次为满分。

第十一节　进攻挑高球

一、情景导入

进攻挑高球是一种双方在网前做短小球相持时，己方球员突然将球挑起，使球飞跃过对方头顶，并落在对方中后场区，其高度以对方跳起后仍无法击到球为准。

这种技术非常隐蔽，可以让对手措手不及，从而破坏对手的网球战术。掌握好进攻挑高球，很容易创造进攻机会甚至直接得分。现在我们一起来学习进攻挑高球技术。

进攻挑高球技术教学视频

二、技术学习

1. 动作方法

在使用进攻挑高球技术时，需要从准备姿势开始，根据来球的方向判断移动方向，并快速移动到击球点。在到达击球点后，需要降低身体重心，使用前臂和手腕一起带动球拍，向击球点迎球。在击球时，需要配合身体的起伏，使用小臂向前上方轻推，并在最后瞬间锁紧手腕，用指力寸劲突然抬击，从而挑起一个高而窄的抛物线球。这种球的抛物线顶点应该在对方中场上方。

2. 注意事项

（1）在迎接来球时，需要屈膝降低身体重心，并配合身体的起伏来击球。

（2）清楚击出的球的飞行抛物线顶点在对方中场上方。

（3）击球瞬间，手腕要锁住不松动，用手指的握紧拍的寸劲发力击球，从而提高击球的突然性和隐蔽性。

3. 常见错误

初学者在练习进攻挑高球时，容易出现以下错误动作：

（1）拍太紧，手腕屈腕发力。

击网前小球时，握拍太紧，手腕屈腕发力，会影响击球的稳定性和准确性，造成球飞离网上沿过高或者球不过网。

（2）击球瞬间握拍太松，拍面与地面的角度太大。

击球瞬间握拍太松，导致击球力量不足，拍面与地面的角度太大，导致击球高度降低，容易造成击球不过网。

（3）重心高，弯腰击球，导致击球时重心不稳，造成击球稳定性差。

（4）迎接来时手臂后摆引拍，导致击球动作过大，造成隐蔽性差和稳定性下降。

三、实操训练

（1）站在非截击区内，做自抛球自挑高球练习。做 3 ~ 5 组，每组 20 ~ 30 次。

（2）两人一组，一人站在网前放丁克球，另一人站在非截击区内做原地正反拍挑高球练习。做 3 ~ 5 组，每组 20 ~ 30 次。

（3）两人一组，一人站在网前放丁克球，另一人站在非截击区内做左右移动正反手挑高球练习。做 3 ~ 5 组，每组 20 ~ 30 次。

（4）两人一组，在网前做相互放丁克球相持时突然挑高球练习。做 3 ~ 5 组，每组 20 ~ 30 次。

四、考核评价

测试者站在网前喂放丁克球，被测试者将球挑高击回对方后场区内，高度为对方跳起刚好拦击不到。正手和反手分别挑击 10 次球，分别成功回击 6 次为及格，成功回击 10 次为满分。

第十二节　截击球

一、情境导入

截击球是一项在球落地之前就将球空中拍击至对方场区的技术。这项技术具有回球速度快、力量大、威胁大等特点。打出截击球是匹克球运动中最激动人心的时刻之一。在匹克球双打比赛中，双方在网前相互快速截击是非常常见的情况。网前截击技术是匹克球比赛中最常用的技术之一，掌握好截击技术对于掌控比赛节奏和赢得比分非常重要。下面我们一起来学习如何使用正手和反手截击技术。

截击球技术教学视频

二、技术学习

1. 动作方法

以右手截击为例，站立于距离球网约 3 m 处，这个位置既可以上步追击浅球，也可以回撤对付挑高球。准备姿势与正手和反手平击准备姿势相似，但是身体前倾的程度要减小，重心相对较高，所持球拍的高度也更高。

（1）正手截击。

引拍动作：由准备动作开始上步（撤步），同时身体轻微右转动，持拍手在身体转动的带动下放至身体右侧方稍偏后的胸部高度位置，拍头高于拍柄，重心降低，重心位于后腿。同时目视来球，做好向前击球准备。此时身体已面向侧前方，非持拍手自然置于体侧。

击球动作：击球时，后腿发力蹬地，身体转动，在侧前方击到来球，此时继续保持盯球。击球时拍面上扬，拍头略高于拍柄。

随挥动作：触球后，手臂随惯性前送球拍至左前方肩部，目送球过网。完成挥拍时重心应已移至前腿，接下来应尽快回到准备姿势，迎击下一来球。挥拍的整体趋势由右侧方向前方。

（2）反手截击。

引拍动作：由准备动作开始，身体向左转动，持拍手在身体转动的带动下放至身体左侧稍向后的胸部高度，非持拍手托拍颈或自然置于左后侧，拍头高于拍柄，重心降低位后腿。同时目视来球，做好向前击球准备。

击球动作：击球时，支撑腿发力蹬地，身体转动，在左侧前方击到来球，击球时拍面上扬，拍头略高于拍柄。此时继续保持盯球。

随挥动作：触球后，手臂随惯性前送球拍至右前方肩部高度，重心应已移至前腿，目送球过网。接下来应尽快回到至准备姿势，迎击下一来球。挥拍的整体趋势从侧方向前方。

2. 注意事项

（1）若要击打出直线，则击球时拍面正对前方；若要击打出斜线，则应提前击球，使击球时拍头早于拍柄，随挥方向为预期的球路方向；若要击打出反斜线，则应在引拍时两肩连线指向击球方向，且随挥至此方向。

（2）当来球较慢且较高时，可以稍稍增大引拍幅度，将击球点提高和提前，以打出进攻性更强的截击。在挥拍时，需要将拍子从侧后方向前下方挥动。

（3）当来球较低，导致击球点在网带以下时，需要通过屈膝来降低重心，并降低引拍的高度。在击球时，需要确保拍头不低于拍柄，同时增大拍面上扬的幅度。

（4）在准备截击时，需要向体侧横向引拍，并且引拍动作要小。使用举拍转肩、转体的方法来带动上臂，同时要确保肘部离开身体，不要夹臂。

（5）在截击时，需要将击球点保持在身体前方，并且主动向前迎球，充分利用身体前冲的力量。使用短促的动作向前“推碰”击球。

（6）在截击完成后，需要确保挥拍动作幅度不要过大，并且身体的重心移动尽量小。

3. 常见错误

初学者在学习匹克球截击时，容易出现以下错误动作：

（1）引拍过大。

由于引拍幅度过大，导致击球点靠后和过低，从而影响击球的发力。

（2）引拍过晚。

由于击球时，引拍不及时，导致击球准备不充分，无法充分发力，容易击球下网。

（3）击球点靠后。

击球时，没有准确预判来球的落点，后退不及时，造成击球点靠后，导致力量传导效率低，控球下降。

（4）手腕翻转。

击球时，在击球瞬间，手腕翻转过早，导致拍面过度前倾，造成击球不稳定，容易击球下网。

三、实操训练

（1）渐结合步法，做模仿截击动作挥拍练习。做 3 ~ 5 组，每组 20 ~ 30 次。

（2）练习者在距墙体约 3 m 处，连续对墙约 85 ~ 150 cm 区域处击打凌空球练习。做 3 ~ 5 组，每组 3 ~ 5 分钟。

（3）两人一组，站在距离网前约 3 m 处，相互做直线的连续反手和正手截击练习。做 3 ~ 5 组，每组 3 ~ 5 分钟。

（4）喂球者站于中场送多球，练习者在中场或近网对底线进行截击球练习。做 3 ~ 5 组，每组 20 ~ 30 次。

四、考核评价

测试者站于中场喂球，被测试者在近网非截击区外对中后场进行正反手截击球测试。正反手各击球 10 次，共 20 个球，成功击到中后场区域 6 次为及格，成功击到中后场区域 10 次为满分。

第十三节 吊 球

一、情境导入

将对手击到己方中场或后场弹地的球，击打回对方的非截击区内的击球技术，称为吊球。吊球包括正手吊球和反手吊球。吊球可以为自己赢得时间上网，避免受压制中后场。切削性击打吊球，球落地弹跳低，对手难以借力，给对方造成接球难度，是匹克球运动员喜欢采用的击球方式。下面我们一起来学习吊球技术。

吊球技术教学视频

二、技术学习

1. 动作方法

（1）正手吊球（以右手握拍为例）。

引拍动作：由准备动作开始上步（撤步），同时身体向右转动，持拍手在身体转动的带动下引拍至身体右侧后方肩部高度以下，双脚间距比肩宽，屈膝降低重心，重心位于后腿或两腿之间。此时身体已面向侧方，非持拍手指向来球，同时目视来球，做好向前击球准备。

击球动作：击球时，后脚发力蹬地，身体右转带动手臂向击球点挥动，最后由上臂发力挥拍，由高向低挥向来球，在右侧前方切击来球后下部，将球击至对方场区非截击区内，击球瞬间拍面保持上扬。

随挥动作：击球后，由于惯性，前臂随球拍向前上方挥至左肩上方，重心移至前腿，目送球过网，并迅速还原至准备姿势，迎击下一来球。

（2）反手吊球（以右手握拍为例）。

引拍动作：由准备动作开始右脚上步（左脚撤步），同时身体向左转动，持拍手在身体转动的带动下放至身体左侧后方肩部高度以下，双脚间距比肩宽，屈膝降低重心，重心位于后腿或两腿之间。同时目视来球，做好向前击球准备。此时身体已面向右侧方。

击球动作：随后支撑腿（后腿）发力蹬地，身体向右转动，手臂带动球拍由高向低挥向来球，在左侧前方切击到来球后下部位，将球击至对方场区非截击区内，击球瞬间拍面保持上扬。

随挥动作：触球后大臂主动向前上方推送球拍至手臂近乎打直，目送球过网，至此完成挥拍动作。完成挥拍时重心应已移至右腿。接下来应尽快复位，回到准备姿势，准备迎击下一来球。挥拍的整体趋势为弧形（由高到低再到高）。

2. 注意事项

（1）若要击打出直线，则击球时拍柄所在直线和网带所在直线应为空间中两条平行线；若要击打出斜线，则应提前击球，使击球时拍头早于拍柄，随挥方向为预期的球路方向；若要击打出反斜线，则应在引拍时两肩、两脚连线指向击球方向，且随挥至此方向。

（2）当来球较低时，应在引拍时更多屈膝，快速降低重心去迎接来球，切勿弯腰去击打低位置来球。

（3）当来球较高时，可等待球下落至腰间再进行击打。也可相应提高引拍及击球点，在球落至胸部高度时击球。

（4）拍面上扬程度越大，球下旋越明显；反之，平击效果更加明显。可根据所期待击球效果进行调整。

（5）切削击球时，手腕锁住不松动，用手指寸劲发力，力度要小但要过网，吊球的飞行抛物线顶点在己方一侧。

3. 常见错误

初学者在学习吊球时，容易出现以下错误动作：

（1）引拍过大。

引拍幅度过大，会导致击球点靠后和过低，从而影响击球的发力。

（2）引拍过晚。

击球时，引拍不及时，会导致击球准备不充分，无法充分发力，容易击球下网。

（3）击球点靠后。

击球时，没有准确预判来球的落点，后退不及时，造成击球点靠后，导致力量传导效率低，控球下降。

（4）手腕翻转。

击球时，在击球瞬间，手腕翻转过早，导致拍面过度前倾，造成击球不稳定，容易击球下网。

（5）引拍时转体不充分。

引拍时转体不够充分。导致击球力量减小，动作一致性差。

（6）身体转动过早。

击球时，身体转动过早，击球瞬间会使击球点先于拍柄，导致泄力和击球不稳，容易击球出边线。

（7）重心后仰。

支撑腿蹬转力量不够，会导致击球时重心后仰，造成击球过高并且无力。

三、实操训练

（1）做无球正反手吊球挥拍练习，注意保持挥拍的后摆引拍、击球、随挥三个动作的连贯性。做 3 ~ 5 组，每组 20 ~ 30 次，坚持练挥拍一周。

（2）站在距离墙壁约 3 m 处，对墙壁约 1 m 高度处做连续正反手吊球练习。做 3 ~ 5 组，每组 3 ~ 5 分钟。

（3）由同伴送多球，进行原地单个动作的正反手吊球练习。做 3 ~ 5 组，每组 20 ~ 30 次。

（4）移动中正反手吊球练习：一人发球，一人练习正反手吊球。做 3 ~ 5 组，每组 20 ~ 30 次。

四、考核评价

测试者在中场侧旁向底线喂球，被测试者将球击至对面场区非截击区内。正手和反手各连击 10 次球，共 20 个球，每成功击中 1 次球得 10 分，击中 6 次球为及格，击中 10 次球为满分。

第十四节 高压球

一、情景导入

将己方头顶上方的球向上挥拍大力击回对方场区的球的击球技术称为高压球技术。在匹克球比赛中，有许多击打高压球的机会，高压球是对付对方挑高球的一项进攻技术。高压球力量大、速度快，是一种非常强势的得分手段。下面我们一起来学习高压球技术。

高压球技术教学视频

二、技术学习

1. 动作方法（以右手为例）

引拍动作：采用东方式正手握拍法，由准备动作开始右脚撤步，同时身体右转动，后支撑腿部微曲，持拍手在身体转动的带动下引拍（抬肘曲肘）至身体后方，左肘比右肘高，小臂、球拍向上，右肘关节小于90°，两肘、两肩均处于同一直线，非持拍手臂抬肘指向来球，同时目视来球，做好向前击球准备。

击球动作：击球时，后腿蹬地发力，身体左转动带动肘关节前摆，拍头后摆，接着前臂上摆挥动，球拍到达击球点时，前臂内旋带动球拍在前上方击到来球，击球时手臂打直，腿部蹬直，尽可能提高击球点。击球时拍面微微下压。

随挥动作：触球后，手臂随惯性前送，收至身体另一侧腰部高度，此时重心应移至前腿，目送球过网。接下来应尽快回到准备姿势，迎击下一来球。挥拍的整体趋势为从后方向前上方再跟随惯性下降。

2. 注意事项

（1）如果要击打出直线，则击球时拍面正对前方，击打球力的方向与拍面垂直。

（2）如果要击打出斜线，则应在击球时拍面朝向斜线，随挥方向亦为斜线。

（3）如果要击打出反斜线，则应在击球时拍面朝向反斜线，随挥方向亦为反斜线。

（4）如果要击打出冲击力强的高压球，可使击球点前移，随挥时多向前推送拍。

（5）如果要打出高弹跳的高压球，应尽可能提高击球点的高度，如果离球网距离近，可适当压腕。

（6）要用东方式正手握拍法握住球拍，击球瞬间手腕做旋压动作，最后手指突然发力握紧拍柄将球大力击出。

3. 常见错误

（1）引拍时不转体，导致击球力量小。

（2）非持拍手不向上举起，导致身体转动不协调。

（3）击球时手臂未伸展开，导致击球点过低。

（4）过度压腕，导致击球下网。

三、实操训练

（1）持拍做高压球动作模仿挥拍练习。做 3 ~ 5 组，每组 20 ~ 30 支。

（2）站在离墙壁约 5 m 处，自己抛高球，对墙面约 1.5 m 高度处做高压球练习，反弹回来后用手接住，反复练习。做 3 ~ 5 组，每组 15 ~ 25 支。

（3）一人站在一侧端线用球拍送高球，另一人站对面中后场处做高压球练习。做 3 ~ 5 组，每组 15 ~ 25 支。

（4）一人站中场处做高压球击球练习，另一人在对侧端线挑高球，相互进行挑高和高压球的练习。做 3 ~ 5 组，每组 3 ~ 5 分钟。

四、考核评价

测试者在中场侧旁向底线喂高球，被测试者站在底线处将球击至对面场区内。击 10 次球，每成功击中 1 次球得 10 分，击中 6 次球为及格，击中 10 次球为满分。

第四章
匹克球运动保健常识

匹克球运动锻炼是一种积极主动的活动过程，对个体的行为方式和身心健康的塑造有着积极的影响。大学生正处于青春发育后期到基本成熟期之间，身体和心理的发展速度相对较慢，但这一时期对于他们的生理和心理发展非常重要。积极参与匹克球运动锻炼，可以有效地促进他们的身心健康发展。

在匹克球运动锻炼过程中，学生们还应该了解日常生活和体育锻炼中的卫生保健常识，以及基本的营养知识。这些知识将有助于他们更好地理解如何保持良好的健康状态，如何正确地锻炼身体，并确保获得足够的营养来支持他们的身体和大脑的发育。通过综合运动锻炼和健康知识的学习，培养学生良好的生活习惯，提高其身心健康水平，并为其未来的发展奠定坚实的基础。

第一节　匹克球运动对人体健康的影响

长期坚持匹克球运动锻炼对大学生的身体健康将产生以下积极影响。

一、促进生长发育

有机体的生长是指通过细胞繁殖和细胞间质增加来实现形体上的变化，从而导致人体的体量增加。而发育则是指有机体各个器官和系统的结构逐渐完善，机能逐渐成熟的过程。骨骼是人体的支架，骨的生长发育对人体的形态有着重要的影响，同时也直接影响着内脏器官的发育以及人的劳动能力和运动能力。骨的生长是软骨不断增生和骨化的结果，而骨的生长发育需要充足的营养物质供应。

经常性的匹克球运动锻炼，可以改善血液供应情况，增加对骨骼的血液供应。这样可以提高骨骼的营养物质供应，特别是蛋白质的含量，从而使肌肉纤维变得更加粗壮，增强肌肉工作能力。此外，匹克球运动锻炼还可以促进血液循环，提高氧气和营养物质的输送速度，有助于骨骼的生长和发育。因此，积极参与匹克球运动锻炼，可以促进骨骼的生长发育，提高人体的运动能力和劳动能力。

二、提高身体机能

体育锻炼可以增加人体内能量的消耗，促进代谢产物的排出，加速新陈代谢的进行，并提高血液循环的速度。经常参与匹克球运动锻炼，可以显著改变人体各个器官和系统的形态结构和机能。此外，这项体育锻炼还能提高人体的基本活动能力。

（一）对神经系统的影响

神经系统是人体内最复杂、最重要的系统之一，由大脑、脑干、小脑、脊髓、神经节和神经纤维组成。匹克球运动是在神经系统的调控下进行的。通过长期的匹克球运动锻炼，可以促进神经系统的调节机能，使其对人体各个器官的调节更加精确和迅速。

在匹克球运动中，大脑负责协调和控制运动的执行，脑干和小脑负责平衡和协调运动，脊髓传递运动指令和感觉信息，神经节和神经纤维则连接和传递信息。通过匹克球运动锻炼，可以提高神经系统的协调能力和反应速度，促使其更好地控制肌肉的收缩和放松，提高运动的精确性和灵活性。

此外，匹克球运动锻炼还可以促进神经系统的适应能力，促使其更好地适应不同强度和频率的运动负荷。这种适应能力的提高，使得神经系统能够更好地应对运动中的挑战和变化，从而使运动表现更为出色。

综上所述，通过长期的匹克球运动锻炼，可以促进神经系统的调节机能，促使其对人体各个器官的调节更加精确、迅速和适应，从而提高运动表现和运动能力。

（二）对运动系统的影响

匹克球运动是一种全身性的运动，能够有效地锻炼人体的运动系统，包括骨骼和肌肉。通过长期的匹克球运动锻炼，可以使骨骼密度增加，骨骼变得更加坚固，从而提高骨骼的抗折、抗弯、抗扭曲等性能。同时，还能够充分供应肌肉所需的能量，促进肌肉生长和增强肌肉力量。因此，长期从事匹克球运动锻炼的人，不仅拥有健美的体型，还具有更强壮的骨骼和更强大的肌肉力量。

（三）对呼吸系统的影响

人体进行新陈代谢，需要不断吸入氧气并排出二氧化碳。匹克球运动锻炼可以促进胸廓和肺部的健康发育，增强呼吸肌肉的力量，提高肺部的通气量，增加呼吸深度，提高呼吸效率。这样，更多的空气会通过肺泡进入血液，增加血液中的氧气含量。

通过匹克球运动锻炼，呼吸系统的功能提升，肺部的容量增加，肺泡的表面积扩大，从而使得氧气更充分地进入体内，二氧化碳更快地排至体外。这样，身体的新陈代谢过程可以更加高效地进行，能量的产生和消耗更加平衡。

综上所述，匹克球运动锻炼可以促进胸廓和肺部的发育，增强呼吸肌肉的力量，提高肺部的通气量和呼吸效率，从而提高血液中的氧气含量，有力地促进人体新陈代谢的运行。

（四）对心血管系统的影响

匹克球运动锻炼对心血管系统具有积极影响。经常从事匹克球运动锻炼的人，心脏会出现健康性肥大。这意味着他们的心脏重量和容量都会增加，相比一般人来说更为强壮。此外，锻炼基础较好的人，心脏在安静状态下每搏输出的血量更多，可达 90 ~ 120 mL，而一般人只有 50 ~ 70 mL。这是因为锻炼基础好的人心肌收缩力较强，每次心脏收缩时排出的血液量更大，所以在安静状态下心脏只需较少的收缩次数就能满足身体的需求。

另外，经常从事匹克球运动锻炼的人的心率较低。一般成年人的安静心率为 65 ~ 75 次 /min，而经常进行体育锻炼的人的心率为 45 ~ 60 次 /min，甚至优秀的长跑运动员的心率只有 35 ~ 45 次 /min。这种心率变慢的现象被称为“运动性心动徐缓”，是一种机能节省的结果。

此外，经常从事匹克球运动锻炼的人，由于血管壁弹性好、血管中的障碍物较少，以及发达丰满的肌肉起到第二心脏的作用，他们的心血管功能会得到进一步提高。

综上所述，匹克球运动锻炼能够促进心血管系统的健康发展，表现为心脏的肥大、心率的降低以及血管的弹性增强，从而提高心血管机能。

三、促进智力发展

智力是大脑综合能力的体现，包括记忆力、理解力、反应速度、接受能力、时空理解能力和综合分析能力等。体育锻炼对这些能力的提升有着积极的影响。通过经常参与匹克球运动锻炼，人们的智力能力可以得到不同程度的提高。例如，匹克球运动锻炼可以促进大脑的血液循环，提高大脑的供氧量，从而增强记忆力和理解力；匹克球运动锻炼可以提高人们的反应速度和接受能力，因为在匹克球比赛中，人们需要快速做出反应和接收来自对手的信息；匹克球运动锻炼可以培养人们的时空理解能力，因为在比赛中，人们需要准确判断球的落点和对手的位置；匹克球运动锻炼可以锻炼人们的综合分析能力，因为在比赛中，人们需要根据对手的动作和战术来做出相应的反应和决策。

综上所述，匹克球运动锻炼可以提高人们的智力能力，包括记忆力、理解力、反应速度、接受能力、时空理解能力和综合分析能力等。

体育锻炼可以提高大脑的工作效率。科学研究表明，当大脑皮层处于适宜兴奋状态时，其记忆力和分析力可以比平时提高数倍。每天早上进行适量的体育锻炼可以通过运动系统的上行激活作用，使大脑迅速从睡眠的抑制状态中解脱出来，进入适宜的兴奋状态。这就是为什么早晨适当锻炼后，上午的学习效果特别好。

长时间进行脑力劳动后进行适当的体育活动，可以通过负诱导机制使大脑学习中枢得到更好的休息，加快其恢复过程，从而间接提高大脑的工作效率。体育锻炼还有助于提高大脑的立体空间分析能力，这对解决复杂的问题和进行高强度工作非常重要。

综上所述，体育锻炼对大脑的影响是多方面的，包括提高记忆力和分析力、改善学习效果、提高大脑的工作效率以及增强立体空间分析能力等。因此，坚持适当的体育锻炼，对于促进大脑的健康发展具有重要意义。

四、有利于心理素质的培养和心理过程的调节

（一）对心理素质的培养作用

1. 对情感心态的培养作用

匹克球运动锻炼的困难性和竞争性，要求参与者具备吃苦耐劳和克服困难的精神。通过训练和比赛的努力，获得胜利和成功会给人们带来极大的满足感和乐趣。这种乐趣和满足感能够激励人们去面对更大的挑战，追求更大的成就。长期保持这种积极向上的心态，有助于学生将来步入社会，更好地适应各种工作岗位，发挥自己的优势，取得更好的工作成果。因此，匹克球运动锻炼对培养积极向上的情感和心态，对学生的职业发展和工作表现都具有积极的影响。

2. 对意志品质的培养作用

意志力是人自觉地设定目标并支配行动以实现目标的心理过程。一个拥有坚强意志力的人能够克服内外部的各种困难和障碍，始终坚持不懈地追求目标。匹克球运动锻炼是培养良好意志品质的有效方式。在进行长时间、高强度的训练和比赛时，人的身体会出现疲劳、肌肉酸痛，甚至头晕、恶心等生理反应。在这种情况下，运动员必须以顽强的毅力，克服各种困难，争取最终的胜利。在比赛中，运动员不仅需要注意力高度集中，完成复杂的技战术，还要抵抗不利因素对技战术发挥的影响。赛场上的噪声、对手的压力、不利的天气、裁判的判决错误以及胆怯和慌乱等消极

情绪都会影响运动技术和体能的正常发挥，需要运动员不断以坚定的意志力来克服。通过克服不利因素并适应环境，人的意志品质也得到了锻炼和提高。

3. 对心理稳定性的培养作用

人的心理状态对于身体和大脑的工作能力有着重要的影响。积极的情绪，如满足、喜悦和胜利，可以提高人的工作效率和表现，而消极的情绪，如痛苦、焦虑和失败，会降低人的工作能力。运动员在比赛中面临各种干扰和压力，经历成功和失败、痛苦和喜悦的对立刺激，有助于锻炼他们对情绪的控制能力，提高他们的心理稳定性。良好的心理稳定性可以使人在考试、演讲、面试、社交和应对突发事件时表现得更加从容自信，取得更好的实际效果。因此，通过匹克球运动锻炼，可以培养人的心理稳定性，提高他们在各种场合中的表现和工作能力。

（二）对心理过程的调节作用

1. 匹克球锻炼能消除过度兴奋和过度紧张的情绪

在重要场合中，人们常常会感到兴奋或紧张，这会影响他们的表现和工作效率。为了缓解这种心理状态，可以通过参加不同类型的体育活动来转移注意力。对于性格内向的人，可以选择一些激烈的体育活动，如匹克球比赛，以帮助他们释放紧张情绪，从而提高他们的心理稳定性。而对于性格外向的人，可以选择一些缓慢的体育活动，如瑜伽、太极拳等，以帮助他们放松身心，缓解焦虑情绪，从而提高他们的工作效率。

2. 匹克球锻炼能消除不良情感的影响

人们在面临挫折和困难时，常常会感到沮丧和消沉。这些消极情绪会影响他们的思维和行动，使他们无法有效地应对问题。参加体育活动是一种缓解这种心理状态的有效方式。激烈而有趣的集体类体育活动可以让人们忘记过去的烦恼，重新振作起来，并将注意力集中在新的学习和工作上。此外，体育活动还可以帮助人们释放愤怒和不满情绪，避免与他人发生冲突，并减少由内心的愤怒而引发的健康问题。

第二节　平衡膳食与运动锻炼

一、平衡膳食的概念

平衡膳食是指食物的热量、营养种类、数量和比例都能够满足人体的生理需求。

它不仅包括食物的构成和数量的平衡，还包括人体对食物的反应和适应以及食物对机体的影响。如果膳食不平衡，某些营养素摄入过多或不足，就会对机体的正常功能产生负面影响，甚至引发疾病。因此，保持平衡膳食对维持机体健康至关重要。

二、健康膳食的金字塔体系

世界卫生组织提供了一个合理的饮食结构，被称为“4+1 营养金字塔”。这个金字塔由四个主要食物类别和一个额外的成分组成，形象地展示了一个健康饮食的结构。在金字塔的塔尖，是油、盐和糖，这些成分应该适量摄入。而塔尖以下的四个层次分别是：粮食及豆类，蔬菜水果，奶和奶制品，以及禽、肉、鱼、蛋等动物性食品。这四个层次代表了我们日常饮食中应摄入的主要食物。此外，应适量增加盐、油和糖的摄入。金字塔的第一层是粮谷类食物，它们占饮食的很大比重，每天的粮食和豆类摄入量应为 400 ~ 500 g，而粮食与豆类之比应为 10 ∶ 1。金字塔的第二层是蔬菜和水果，它们在饮食中也应占据相当的比例。每人每天摄入的蔬菜水果应为 300 ~ 400 g，蔬菜与水果之比应为 8 ∶ 1。金字塔的第三层是奶和奶制品，它们提供人体所需的优质蛋白质和钙。每天的奶和奶制品摄入量应为 200 ~ 300 g。金字塔的第四层是动物性食品，如禽、肉、鱼、蛋等，它们提供人体所需的蛋白质、脂肪、B 族维生素和无机盐。每天摄入的动物性食品量应为 100 ~ 200 g。“4+1 营养金字塔”作为一份食物指南，可以帮助我们合理搭配食物，获得全面的营养。健康膳食金字塔如图 4-1 所示。

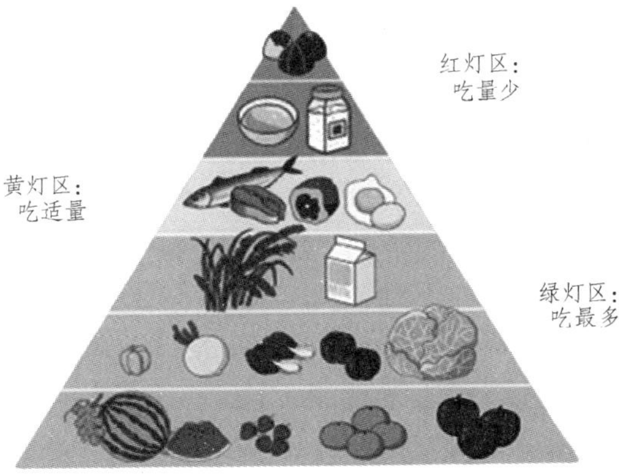

图 4-1 健康膳食金字塔

三、体育锻炼与饮食

在进行体育锻炼时，人的身体代谢加快，热量消耗增加，需要更多的营养物质来满足人体能量需求。此外，维生素和无机盐等其他营养物质的消耗也会增加。体内的激素效应和反应过程活跃，同时酸性代谢产物的积累和水分的流失等因素，也会对身体环境产生影响。因此，合理的饮食对于促进食物的消化吸收、维持良好的生理机能状态以及预防身体不适非常重要。

在进行体育锻炼时，应特别注意以下四点。

（一）不在空腹时锻炼

当空腹进行锻炼时，人的血糖水平会下降，这可能导致一系列不适，如头晕、四肢无力甚至昏厥。此外，空腹锻炼还会引起饥饿感，可能导致胃痛。同时，空腹锻炼会抑制消化液的分泌，降低消化功能，增加消化不良的风险。因此，建议在进行体育锻炼前适当进食，以提供足够的能量和营养，保证身体正常运转。

（二）不在饭后大量运动

饭后，人的消化器官需要大量的血液供应来消化和吸收食物。在进行体育锻炼时，大量的血液会流向人的肌肉，导致肠胃部分的血液流量减少，从而会影响食物的消化和吸收。此外，如果我们在饭后立即进行体育锻炼，可能导致肠胃受到器械或自身负荷的压迫，从而限制肠胃的蠕动功能，容易引起胃痉挛、腹痛、出虚汗或呕吐等不适症状。因此，一般建议在饭后等待 1.5 ~ 2 小时再开始进行健身锻炼，从而让消化系统充分完成对食物的消化和吸收。

（三）不在锻炼过程中大量饮水

在进行健身锻炼时，往往会大量出汗，口干舌燥，但需要控制饮水量。饮水过多会导致胃部膨胀，干扰隔膜的活动，影响正常呼吸，对肠胃和心脏有害。同时，大量饮水会刺激反射性的液体分泌，导致体内盐分过多丧失，引发四肢无力、抽筋等现象。有些人在锻炼过程中口渴，这可能是口腔和咽喉黏膜的水分蒸发、尘埃刺激、空气干燥或唾液分泌减少所致，并非体内真正缺水。在这种情况下，不应该直接喝水，可以用漱口来缓解口渴感。另外，锻炼过程中应避免喝凉水。

（四）在体育锻炼前不宜吃油腻或过咸的食物

油腻食物需要消化器官消耗更多的血液和胆汁来处理。如果在锻炼前进食了油腻食物，可能会导致腹胀和不适感，因为肠胃和运动器官会“争夺”血液供应。另外，食用过咸食物后进行锻炼会导致口渴，人们倾向于大量饮水，这可能导致胃部膨胀，同时摄入过多的盐分会导致身体疲劳、心跳加快，从而影响健身锻炼的效果。因此，在锻炼前应避免食用油腻和过咸食物。

四、各种营养素的需要及来源

（一）各类项目对各种营养素的需要

1. 力量项目

肌肉的收缩、力量增加和肌纤维增粗都需要肌肉蛋白质的增加。因此，我们每天需要摄入足够的蛋白质来满足这些需求。一般来说，每千克体重需要摄入 2.5 g 的蛋白质。

2. 速度项目

在运动过程中，我们主要依靠无氧酵解来产生能量，这会导致体内酸性物质的积累。同时，运动对神经系统的要求较高，需要快速转化兴奋与抑制。为了满足这些需求，我们应该减少酸性物质的产生，并增加摄入含糖、维生素 B1、维生素 C 和丰富蛋白质的食物。此外，摄入大量的蔬菜和水果也是必要的。

3. 耐力项目

在运动过程中，我们需要大量的能量来支持肌肉的运动。这些能量主要来自糖原的有氧分解。因此，我们需要摄入足够的碳水化合物来提供充足的糖原储备。此外，耐力运动对循环、呼吸系统等机能的要求也很高，需要维持较高水平的血红蛋白。为了满足这些需求，我们应该确保摄入足够的蛋白质、维生素和无机盐，尤其是铁。

4. 灵敏项目

灵敏性项目对神经系统的要求较高，因此我们需要摄入足够的维生素 B1 和维生素 C 来维持神经传导和神经元的正常功能。此外，磷和钙也是维持神经系统健康所必需的营养素。我们还需要确保摄入足够的蛋白质，以提供构建和修复神经细胞所需的氨基酸。

（二）各种营养素的来源

1. 含蛋白质较多的食物

动物性食物中以蛋类、瘦肉类、乳类、鱼类、虾类等蛋白质含量丰富。植物性食物中以黄豆、蚕豆、花生、核桃、瓜子蛋白质含量较多，米、麦中也含有少量蛋白质。

2. 含脂肪较多的食物

动物油（如猪油、鱼肝油）、植物油（如花生油、豆油、芝麻油）、肉类、蛋类、大豆等也含有脂肪。

3. 含碳水化合物较多的食物

米、面、玉米、山芋、土豆、芋头、绿豆、豌豆，葡萄糖、果糖、蔗糖、麦芽糖以及水果、蔬菜含有碳水化合物。

4. 含矿物质较多的食物

（1）含钙较多的食物：豆类、奶类、蛋黄、骨头、深绿色蔬菜、米糠、麦麸、花生、海带、紫菜等。

（2）含磷较多的食物：粗粮、黄豆、蚕豆、花生、土豆、坚果类、肉、蛋、鱼、虾、奶类、动物肝脏等。

（3）含铁较多的食物：以动物肝脏中含铁最丰富，其次为动物血、心、肺、肾及木耳、瘦肉、蛋、绿叶菜、小白菜、雪里蕻、芝麻、豆类、海带、紫菜、杏、桃、李等，谷类中也含有一定量的铁质。

（4）含锌较多的食物：海带、奶类、蛋类、牡蛎、大豆、茄子、扁豆等。

（5）含碘较多的食物：海带、紫菜等。

（6）含硒较多的食物：海产品、动物肝、肾、肉以及大米等。

5. 含维生素较多的食物

（1）含维生素 A 丰富的食物：鱼、肝、牛奶、蛋黄、蔬菜（苜蓿、胡萝卜、西红柿、南瓜、山芋等）、水果（杏、李子、樱桃、山楂等）。蔬菜及水果中所含的胡萝卜素可转化为维生素 A。

（2）含维生素 B1 较多的食物：谷类、麦麸、糠皮、豆类、动物肝、肉、蛋、奶类、水果蔬菜等。

（3）含维生素 B2 较多的食物：肝、肾、蛋黄、酵母、牛奶、各种叶菜（菠菜、芹菜、水果和豆芽等）。

（4）含维生素 C 较多的食物：新鲜蔬菜、水果和豆芽等。

（5）含维生素 D 较多的食物：鱼肝油、蛋黄、牛奶及菌类、干菜。

（6）含叶酸较多的食物：酵母、动物肝及绿叶蔬菜。

6. 水

通过各种食物和饮水获取。

第三节 体育锻炼卫生保健常识

一、体育锻炼卫生常识

（一）运动后不宜立即进食，饭后不宜立即运动

当运动时，人的大脑皮质中枢处于兴奋状态，促使骨骼肌和心肌进行运动，而其他部位则处于抑制状态。这种状态下，大量的血液会供应到运动系统，而消化系统的血液供应相对减少，导致胃肠蠕动减弱，消化液分泌减少，消化功能下降。即使停止运动，这种状态在短时间内仍会持续存在。因此，运动后立即进食会影响食物的消化和吸收，长期下去可能会导致消化不良和肠胃疾病的发生。此外，饭后胃内食物过多，会妨碍膈肌活动，影响呼吸，不仅不利于运动，还可能引起腹痛和不适，甚至导致胃下垂。因此，正确的做法是，在运动后休息半小时后再进食，饭后至少等待 1.5 小时后再运动。

（二）早晨空腹不宜进行长时间剧烈运动

长时间剧烈运动会消耗大量能量，而这些能量主要来自体内的血糖。如果在空腹状态下进行长时间剧烈运动，没有足够的血糖补充，就容易出现低血糖症状。此外，空腹进行长时间剧烈运动可能导致胃部肌肉痉挛，引发胃痛，并最终可能导致胃炎。因此，正确的做法是，在晨起空腹运动时，运动时间一般不超过 1 小时，并且运动强度不宜过大。这样，可以避免产生低血糖和胃部不适。

（三）刚睡醒后不宜进行高强度的锻炼

刚醒来时，我们的身体处于一种松弛状态，肌肉力量较弱。如果我们在这个时候进行高强度的锻炼，很难达到预期的效果，反而可能对身体造成伤害。因此，正

确的方法是，在做好准备活动后，当我们感到身体发热、血液循环良好、精神状态良好时，再逐渐提高锻炼的强度。这样，可以确保我们的身体适应锻炼的负荷，并减小受伤的风险。

（四）剧烈运动时和运动后不宜大量饮水

剧烈运动时，我们会大量出汗，从而排出体内的盐分。如果我们过多地饮水，会导致血液的渗透压降低，破坏体内的水盐平衡，影响身体的正常功能。此外，过多的饮水还可能导致肌肉痉挛。运动时，心跳和呼吸会加快，以增加血液和氧气供应，从而满足训练的需求。然而，过量的饮水会增加血液循环量，增加心脏的负担，不仅不利于运动，还可能对心脏造成伤害。大量饮水还会导致胃部膨胀，妨碍膈肌的运动。因此，正确的做法是，在运动中每 5 ~ 10 分钟饮用少量的水，约 150 mL。运动后稍作休息，再慢慢饮用一些淡盐开水，逐渐补充水分。这样可以保持水盐平衡，避免不适和损伤。

（五）大量运动后不宜立即洗热水澡、冷水澡

在高强度的运动后，我们的身体会发生一系列生理变化，包括心率加快、体温升高和肌肉血流量增大。在这种情况下，如果立即洗热水澡，皮肤血管会进一步扩张充血，导致血液大量流入皮肤、皮下组织和肌肉，从而减小心脏和大脑的供血量，引起头昏眼花、胸闷不适，甚至晕厥。相反，如果立即洗冷水澡，皮肤表面血管会立即收缩，毛孔迅速关闭，阻碍体内热量散发，影响体温正常调节，并可能导致其他疾病。因此，正确的做法是先擦干汗水，适当休息，待体温和心率恢复正常后再去洗澡。洗澡的水温在 37 ~ 40 ℃之间为宜。

（六）夏天运动后不宜大量喝冰冻饮料

运动后，我们的体温通常会升高，此时如果立即饮用冰冻饮料，可能会对胃肠产生刺激，导致胃肠痉挛出现腹痛、恶心、呕吐等症状，冷饮还会使部咽喉血管激烈收缩导致微细血管破裂，引起急性扁桃体炎。此外，冰冻饮料还会使胃肠血管收缩，减小血流量，影响食物的消化和吸收。因此，更合适的做法是，运动后先到凉爽通风的地方休息大约半小时，然后再慢慢地饮用冰冻饮料。

（七）冬天锻炼需防感冒

当人体疲劳时，免疫力会减弱，此时如果受凉，就很容易感冒。特别是在冬天，

气温较低，剧烈运动后，特别是出汗后，如果不注意保暖，很容易引发感冒。因此，正确的做法是，在运动后休息时，要注意保暖，如果出汗了，应该及时擦干汗水，轻轻地揉擦皮肤至微红，并更换掉潮湿的衣物。此外，锻炼前还应该做好热身活动，等待身体微微发热后再适当减少衣物。

二、女子的体育锻炼卫生保健

（一）一般体育卫生

在青春期发育之后，女性的身体结构、生理状态、内脏器官功能以及身体素质等与男性有显著差异，并且女性有月经周期。因此，在进行体育运动时，需要考虑女性的这些生理特点。

（1）女性的肌肉力量相对较弱，循环和呼吸系统的功能也相对较差，但她们的平衡能力较强，身体柔韧性好。因此，在选择运动器械时，应选择较轻的，运动量也应适当减小。适合女性的运动项目包括健美操、武术、匹克球、乒乓球、羽毛球、瑜伽、体育舞蹈等。

（2）女性的肩部相对较窄，体内脂肪储存较多，且脂肪转化为能量的利用效率较高。因此，游泳时，她们受到的水的阻力较小，浮力较好，耐寒能力较强，热量供应充足。所以，女性更适合进行长距离游泳。

（3）由于女性的重心相对较低，她们在进行需要两臂支撑、悬垂或大幅度摆动的动作时可能会遇到较大困难。因此，在这些情况下，应提供必要的保护措施。

（4）女性的氧利用率和体温调节效率较高，对运动过程中产生的热量有较好的散发能力，对热应激的适应性较强且脱水较少。同时，她们在单位时间内的能量消耗相对较少。因此，女性更适合进行长距离跑步。

（5）女性应该多做一些增强腹肌和盆底肌的锻炼，尽量避免对人体产生过大震动的动作，以防对身体产生过度震动，影响骨盆的正常发育，或者引发子宫异位。需要强调的是，随着女性体育运动的日益发展，一些曾经被认为不适合女性参与的运动，如足球、拳击、柔道等，正在被逐渐接受。因此，我们应该鼓励女性通过体育锻炼来克服自身的生理弱点，在医生的监督下，让她们有更多的运动项目可以选择，以满足她们日益增长的运动需求。

（二）月经期体育卫生

1. 一般卫生要求

月经是女性的正常生理过程，在此期间，人体通常不会出现显著的生理异常。对于身体健康、月经正常的女性来说，在月经期间进行适当的体育活动是有益的，因为运动可以调整大脑皮层的兴奋和抑制，改善盆腔的血液循环，减轻经期的不适感。此外，适当的锻炼有助于腹壁和盆底肌肉的收缩和放松，对子宫起到柔和的按摩作用，有利于经血的排出。虽然月经是正常的生理现象，但由于在月经期间子宫膜脱落出血，生殖器官的抵抗力会减弱，容易导致感染。因此，在月经期间应注意以下卫生要求：

（1）适当减小运动量，运动时间不宜过长。特别是对于月经初潮不久的女性，由于月经周期尚不稳定，更应注意运动量不宜过大，应逐步适应，养成在经期锻炼的习惯。

（2）月经期间避免进行剧烈运动，尤其是震动强烈、增加腹压的动作，如疾跑、跳跃和力量训练等，以免引起子宫异位和经血过多。

（3）月经期要避免冷和热的刺激，如冷水浴、阳光下暴晒等，特别是下腹部要避免受凉，以免引起卵巢功能紊乱，导致月经失调。

（4）月经期不宜游泳，以免细菌侵入生殖器引起炎症。

（5）对于有痛经或月经紊乱的女性，在月经期间应暂停体育活动。

2. 月经期参加运动训练和比赛的卫生要求

过去，普遍认为女性在月经期间进行任何体育运动都不合适。然而，近年来的实践否认了这一观点。月经期间应根据以下情况分别处理：

（1）对于月经正常、身体反应良好的女性，可以安排训练，但应选择适当的训练内容。在训练时，应以较小的运动量开始，逐渐增大运动量，并加强医务监督。

（2）对于月经不调和痛经的女性，应安排一些练习来促进盆腔血液循环，包括屈膝盖和伸展腰部肌肉的活动。

（3）如果月经周期混乱，自我感觉不适，或者内生殖器发育不全或有炎症，那么月经期应停止训练。

（4）在月经期间游泳时，应使用阴道栓。

（5）对于训练水平较低，特别是初次月经来潮不久的女性，月经期间不宜参加比赛。因为比赛时强度很大，精神紧张，可能导致月经系统无法适应，从而引起内分泌失调，导致月经紊乱、痛经或闭经。

（6）对于习惯在经期参加训练或者训练水平很高的女性，即使在经期也可以参加比赛。然而需要注意的是，为了避免在月经期间比赛而采用口服或注射激素等方法来改变原来的月经周期，可能会引起月经紊乱。这种药物干扰的影响比经期参加比赛的影响更大、更持久，因此不提倡使用。

三、运动性损伤的原因

（一）缺乏必要的运动性损伤知识

在运动锻炼过程中发生的损伤，常与体育组织者、指导者、参加者缺乏必要的预防运动性损伤知识有关。

（二）训练急于求成

一般人的身体素质不高时，肌肉力量和弹性就较差，反应迟钝，关节灵活性和稳定性也较弱，如果锻炼时不循序渐进，容易导致运动性损伤。

（三）教学、训练和比赛活动安排不当

1. 准备活动不科学

在锻炼前未做准备活动或准备活动不充分，就开始正式活动，或者准备活动量过大、准备活动过程违反循序渐进的原则、一开始速度过快或用力过猛，这些都会导致运动性损伤。

2. 运动量过大

在运动过程中不遵守循序渐进的原则，运动量安排不当，尤其是运动量过于集中，局部负担量过大，是体育锻炼中造成损伤的主要原因。

3. 组织方法上有缺点

在组织教学、训练过程中，缺乏根据实际情况因人而异的训练原则，采取千篇一律的方式对待；在教学或训练时，特别是进行器械练习时，缺乏必要的保护措施。

（四）体育锻炼者的生理、心理状态不良

在睡眠或休息不充足、患病或受伤、刚开始康复、疲劳或身体机能下降等情况下，

运动技术上可能会出现错误，导致损伤的发生。心理状态与损伤之间也有密切联系，例如焦躁情绪、过于急切求成、缺乏自信、缺乏勇气、胆怯犹豫以及控制能力不佳等心理状态，都会增加发生损伤的风险。

（五）其 他

场地、器材、保护用具、服装不符合卫生要求或者缺乏必要的保护措施以及不良气候等，都会导致运动性损伤。

四、常见运动损伤的自救常识

无论是一般性的还是严重的运动损伤，在去医院接受检查和治疗之前，采取一定的自救措施都是有益的。这些措施不仅可以阻止损伤进一步恶化，还有助于治疗和康复。常用的自救方法包括以下十种。

（一）皮肤擦伤

在皮肤擦伤后，我们需要根据伤处的面积、位置以及创面的清洁程度来进行清创处理。首先用清水或盐水轻柔地擦去污物如泥沙等，将擦伤的皮肤部位清洗干净，接着用棉签蘸取酒精或白酒对局部进行消毒，然后使用消毒纱布或干净的布片覆盖在伤口上，最后用绷带或手帕等固定好。

（二）软组织损伤

轻度的撞击或扭伤会导致软组织的损伤，表现为局部的肿胀、疼痛以及青紫斑。这是由小血管的出血造成的。这种情况下，我们可以在受伤的地方进行冷敷，使用冷水浸泡的敷料（或者毛巾、衣物）来使局部的血管收缩，从而减少内出血、肿胀和疼痛。但是，如果损伤处在头部或胸腹部，特别是严重的撞击伤，可能会导致内脏器官的损伤或内出血，因此除了保持绝对的安静外，还需要在受伤的地方进行冷敷加压，并尽快送往医院做进一步的治疗。

（三）肩部受伤

在匹克球运动中，肩部受伤是一种常见的伤病，这通常是由肩部的过度使用或者挥拍姿势不正确所导致的。常见的肩部伤病包括肩袖损伤和肩关节脱位。这种情况下，应立即停止运动并进行冰敷，同时寻求医生或专业理疗师的帮助进行正确的诊断和治疗。此外，还需要注意加强肩部肌肉的锻炼和拉伸，保持正确的挥拍姿势。

（四）肘部受伤

在匹克球运动中，肘部受伤也是常见的伤病类型，这主要是由肘部的过度使用或者挥拍姿势不正确所引发的。常见的肘部伤病有网球肘和高尔夫球肘。应对方法是，立即停止运动并进行冰敷，同时寻求医生或专业理疗师的帮助进行正确的诊断和治疗。此外，还需要注意加强肘部肌肉的锻炼和拉伸，保持正确的挥拍姿势。

（五）外伤出血

运动损伤最常见的是外出血，包括体表的切伤、刺伤、撕裂伤。较为常见的止血方法有：

（1）肢体抬高。具体方法是将出血的肢体抬高到超过心脏水平高度，以降低出血部位的血压，从而减少出血。

（2）压迫止血。具体方法是用无菌纱布、棉花等盖住伤口，再用绷带加压包扎，这种止血方法既能达到止血、避免感染，又能方便运送伤者。大血管破裂引起的出血，可用止血带或指压法止血。

（六）头外伤的急救

当运动者的头部受到外伤时，一起进行锻炼的人应当立即观察伤者是否有急性出血。如果有出血，应立即就地进行止血。然后，不要轻率地随意移动伤者，而应让患者尽量保持安静。如果伤者出现意识障碍或休克，应立即呼叫救护车，并将其送往最近的医院进行紧急处理。

（七）骨折、脱臼

在运动锻炼中，如果出现严重的肢体损伤，如听到骨折的声音，或者局部出现畸形，活动明显受限，需要考虑可能是骨折或者脱臼。在这种情况下，可以用木板或者木棍将受伤的肢体的上下两个关节固定，或者以健康的肢体、身体的某个部位（如上肢可以使用胸腹部）为依托，稳定住受伤的肢体。然后采取适当的搬运方式，尽快将患者送往医院进行治疗。

（八）昏 厥

昏厥是一种突然的、临时的知觉和行为能力丧失的状态，这通常是由大脑暂时性的供血供氧不足导致的，也可能是过度紧张的表现。在昏厥发生前，患者可能会感到全身乏力、头晕、眼前发黑、耳鸣、恶心、出虚汗、面色发白等。昏厥发生后，患者的皮肤会变得苍白，四肢发冷，脉搏细弱，呼吸加快或变慢。通常在昏倒片刻之后，由于大脑的贫血状态得到缓解，患者会清醒过来，但醒来后可能会精神不佳，仍有头晕和乏力的感觉。

在急救过程中，应让患者平躺或者将头部稍微放低，保持安静和温暖，解开衣领和腰带。可以用热毛巾擦拭患者的脸部，对下肢进行向心脏方向的重力按摩或者揉捏，也可以通过嗅闻氨水或者针刺人中、百会、合谷、涌泉等穴位来刺激患者。在患者的知觉尚未恢复或者有呕吐的情况下，不应该给予任何饮料。患者清醒后，可以给予热饮料或者适量的食物，并让患者注意休息。

（九）运动中腹痛

腹痛是运动中常见的症状，尤其在中长跑、马拉松、竞走、自行车、篮球等运动中，腹痛发生的概率较大。这种运动性腹痛通常在休息时不会出现，而是在运动时产生，并且疼痛的程度与运动量大小、运动强度、运动速度等因素有关。

如果在运动中出现腹痛，可以尝试减慢运动速度，降低运动强度，加深呼吸，调整呼吸与运动的节奏，用手按压疼痛部位，或者弯腰跑一小段距离，这样通常可以缓解疼痛。如果这些方法无效，或者疼痛反而加剧，那么就应该停止运动，口服止痛药（如阿托品、十滴水），通过点掐或针刺足三里、内关、三阴交等穴位，以及进行腹部热敷等方式来缓解疼痛。

为了避免腹痛的发生，我们在参加锻炼时应该遵循循序渐进的原则，合理安排饮食，饭后需要等待大约 1.5 小时后再进行剧烈运动，运动前不应过饱或过饿，也不要饮用过多的汤水。我们还需要做好充分的准备活动，注意呼吸的节奏，进行中长跑时要合理分配速度。

（十）过度运动综合征

过度运动综合征是由于运动负荷与身体机能之间的极度不适应，导致疲劳持续累积而引发的一系列生理紊乱或病理状态，也被称为“过度疲劳”。

在过度运动的早期，很多人可能会出现睡眠质量下降，甚至失眠、头晕或头痛，记忆力减退，食欲不振，运动能力降低等症状。如果这些症状没有引起足够的重视，没有采取相应的措施，那么这些症状可能会进一步恶化，身体会变得更加虚弱，活动时容易感到疲劳，容易出汗，身体素质持续下降，容易感冒或产生其他疾病，同时可能会出现各个器官系统的功能失调等症状。

如果出现以上症状，就必须调整锻炼计划，积极调整运动量，降低运动速度和减少高强度的力量训练。要保持充足的睡眠，增加休息时间，积极进行康复性运动（如太极拳、气功、温水浴、按摩等），加强营养，多食用新鲜蔬菜和水果。

第五章

匹克球运动体能训练

第一节 体能训练的意义与原则

一、身体素质在匹克球运动中的重要意义

1. 良好的身体素质是匹克球选手承担激烈比赛的基础

选手在匹克球比赛中需要具备良好的身体素质，因为比赛中需要频繁地进行各种快速动作，如急停、起动、移动、跨跳、挥臂击球等，而这些动作的完成需要选手具备较好的速度、力量、耐力和灵活性等素质。体能一直是影响选手比赛表现的重要因素。随着比赛激烈程度的不断加剧，选手体力消耗加大，导致技术动作变形、主动失误增多或速度减慢等情况出现，这也是选手需要克服的难点。因此，身体素质是匹克球选手训练的基础。

2. 良好的身体素质是提高匹克球专项技战术的基础

在匹克球比赛中，身体素质是提高、发挥和保持竞技能力的先决条件。选手的身体素质强，能促进其掌握复杂、先进的技战术。相反，如果选手的身体素质弱，即使有好的技术，技战术的发展也最终会受到限制。选手的技战术水平与专项素质水平是成正比的。同时，技术、战术和体能之间相互影响，相辅相成。选手的战术运用正确得当，可以节省体力消耗，弥补身体素质上的不足；反之，战术不全面、技术不到位等因素会加重体力的耗费。因此，选手只有在训练中综合提高身体素质、技术和战术水平，才能在比赛中发挥出最佳水平。

3. 良好的身体素质对减少运动损伤和延长运动寿命有重要意义

如果身体素质不强，负荷后容易出现疲劳和运动损伤，从而影响运动寿命。因此，加强体能训练，提高身体运动素质水平，能够增强抵抗运动损伤的能力，减少或避免运动损伤的发生。身体素质的提高取决于身体形态改变和机能的提高，因此，身体素质训练水平越高，身体结构改变程度越大，选手的运动机能水平就越高，从而能够更长时间地保持专项技战术运动能力。

4. 身体素质训练过程是培养匹克球选手顽强意志力的重要手段

身体素质训练是一种向极限挑战的过程，匹克球选手在训练过程中需要承受的负荷越大，身体结构改变和突破极限的程度就越大，身体素质水平提高的速度也就越快。然而，这种训练过程对于承受者来说是非常艰苦的。如果训练负荷大，需要有强大的毅力来克服自己在训练中的惰性，并战胜自己。因此，身体素质训练不仅可以增强运动素质水平，还可以作为锻炼和增强匹克球选手意志力的一种重要手段。

5. 良好的身体素质是匹克球选手树立信心的重要保证

随着训练方法和手段的不断进步，以及匹克球选手体能水平的全面提高，匹克球运动竞技水平也在不断提高。现在的世界级选手技战术越来越全面，抗衡速度也越来越快。在比赛中，轻易击败对手的情况已经很少出现了。每一分的争夺都非常艰苦，都需要反复多次的控制与反控制的较量。如果选手没有良好的身体素质做保障，体力跟不上竞技的需要，就会在场上经不住多拍的调动与对抗，失去与对手周旋和对抗的信心，产生急躁情绪，主动失误增多，最终出现不攻自破的局面。因此，只有训练有素、有充足的体能保障，才能够增强与对手抗衡的信心，才有耐心、有决心、有能力与对手周旋到底。

二、匹克球选手身体素质训练的基本原则

1. 科学性原则

匹克球选手的素质提升与训练方法密不可分。科学的训练方法更加符合运动规律，能够快速提高运动员的竞技能力。在匹克球选手的身体素质训练中，需要处理好至少三个方面的关系：

首先，在匹克球选手的身体素质训练中，需要处理好一般身体素质训练和专项身体素质训练之间的关系。一般身体素质是运动员的身体素质基础，而专项身体素质则直接为提高专项技术水平服务。在训练中，这两种身体素质训练的比例安排需要综合运动员的实际素质状况、训练年龄以及训练水平的高低等因素考虑。

其次，匹克球选手的身体素质训练与身体素质发展敏感期之间也存在着密切的关系。掌握身体素质发展敏感期的规律是保证运动员身体素质训练取得良好效果的重要保证。身体素质包括力量、速度、耐力、灵敏和协调等多个方面，每一项体能素质都有其发展的敏感时期。因此，在训练中需要遵循这一规律，有目的、有重点地进行训练，围绕各种素质发展的最佳时期进行。例如，在少儿时期的身体素质训练中，可以重点安排柔韧性、协调性、灵敏和速度素质的练习，而避免大力量和大强度的耐力素质训练。青少年时期的身体素质训练则应重点发展力量和耐力素质。根据身体素质训练和身体素质发展敏感期的基本规律，科学地选择训练方法和手段，并有针对性地安排好各位选手、各个时期和各个训练层次上的身体素质训练，力求训练更加符合科学性、逻辑性、针对性和实用性，从而收到良好的训练效果。

最后，匹克球选手的身体素质训练与运动负荷之间也存在着密切的关系。科学合理地安排运动负荷是提高运动水平的重要因素。运动负荷指人的有机体在训练及比赛中所承受的生理负荷量，由运动强度、时间和数量等关联因素组成，并通常受动作质量的影响。在训练中，动作质量好的运动员可以承受更高的负荷，而同样的负荷下，动作质量不佳的运动员则会受到更大的影响。因此，身体素质训练中的运动负荷量需要循序渐进地加大，经过一段时间的巩固，待身体适应了此种负荷量后，再逐步加大。具体负荷数量的安排应合理交替进行，避免身体处于疲劳过度的状态下进行训练。衡量负荷量适宜标准是身体在一定的疲劳情况下，仍然处于适度的兴奋状态，从而不断提高工作能力。因此，在训练期，身体素质训练采用数量多、强度小的形式进行；而在竞赛期，则采用练习时间短、数量少、强度大的形式进行。

2. 系统性原则

匹克球选手的优异成绩来自多年来不间断、长期的系统训练，随着身体素质和技术动作的不断提高和完善而获得。因此，为了使匹克球选手达到较高的技战术水平，需要从全面的身体素质训练开始，采用长期、全面、系统、循序渐进、不间断的训练思想。在训练初期，选手身体素质基础较弱，机体承受能力较差，需要从浅入深、由易到难、由简到繁地进行身体素质训练，并逐渐增加负荷量。到了高级训练阶段，经过多年的严格训练，选手已产生适应性变化，能够承受专门化训练，可以加强专项身体素质能力的训练。进入顶尖水平训练阶段，随着选手训练年限的增长，需要注意加强保护性身体素质训练的内容。

3. 因人而异原则

因人而异原则是指根据每位匹克球选手的具体情况来确定训练任务和安排训练内容。合理运用这一原则，对提高训练质量至关重要。在一个队伍中，每位匹克球选手都有不同的特点，如年龄、个性、特长、训练水平、身体条件和成长环境等。因此，在训练中，需要注意针对选手的这些不同特点，选择适合他们的训练任务、要求、内容、负荷量和训练方法等，遵循因人而异原则。随着训练年限的增加，客观因素也会发生变化，因此训练任务、要求、内容、负荷量和训练方法等方面也需要相应改变。练习者需要了解和分析自己的身体情况、训练水平和身体素质能力等方面的实际情况，并研究每位选手的个体差异。制订身体素质训练计划时，需要根据每位选手的实际情况进行考虑，既要考虑整体的统一要求，又要考虑个人的不同特点和不同要求，真正做到因材施教，差异化对待。制定和安排的训练任务、指标、内容、方法和练习手段更加切合实际，并取得更好的训练效果。

4. 全面性和专门性训练相结合原则

匹克球选手的全面性身体素质训练是指利用各种身体练习的方法和手段，使选手身体各器官的机能得到普遍提高、身体形态得到全面改善、身体素质能力得到全面发展，为日后提高匹克球专项运动技能打下坚实基础。而匹克球选手的专项身体素质训练则是指在身体素质训练的基础上，采用与匹克球运动特点及技术动作相同的方式，提高匹克球专项所需要的机体能力，发展匹克球运动专项所需的身体素质能力。

全面身体素质训练是进行专项运动训练的基础。在选手训练初级阶段，应重视全面身体素质的发展，为将来匹克球运动打好基础。如果过分地强调专项身体素质能力的训练与提高，则会导致局部肌肉负荷过重，出现疲劳和损伤。因此，只有具备一定的全面身体素质，才能加快进行提高专项身体素质能力的训练。

在训练中，应根据选手的训练时限和训练水平的不同，合理地结合全面身体素质训练和专项身体素质训练。对于训练水平越低、年龄越小的选手，应以发展全面基础的身体素质的训练为主，发展其专项身体素质能力的训练为辅；而对于训练程度高、年龄相对较大的选手，则相应更多地进行专项身体素质训练。同时，在专项身体素质训练中也要注意全面身体素质训练的补充，以保证机体内各器官、各系统机能之间的协调与平衡，从而提高技术水平。

第二节 匹克球运动体能训练方法

匹克球选手的身体素质训练内容分为基础身体素质训练和专项身体素质训练两个方面。基础身体素质训练包括力量、速度、耐力、灵敏和柔韧等五个方面，这些素质是完成运动动作所必需的能力。基础身体素质训练是专项身体素质训练的基础，而专项身体素质训练则是提高运动成绩的关键。

下面介绍匹克球运动的一些基础身体素质训练方法。

一、基础力量素质训练

1. 上肢基础力量练习

（1）上肢哑铃操练习。

哑铃训练是初学者提高上肢力量素质的有效方法之一。根据年龄和个人情况，可以选择不同重量的哑铃进行练习，以达到最佳效果。重量大时，练习次数可以相对减少；重量小时，练习次数可以相对增加。哑铃练习动作方法包括：

① 哑铃头上推举练习，每组 8 ~ 15 次，3 ~ 5 组。

② 哑铃胸前推举练习，每组 8 ~ 15 次，3 ~ 5 组。

③ 哑铃体侧平举练习，每组 8 ~ 15 次，3 ~ 5 组。

④ 哑铃体前平举练习，每组 8 ~ 15 次，3 ~ 5 组。

⑤ 哑铃扩胸练习，每组 8 ~ 15 次，3 ~ 5 组。

⑥ 哑铃体侧提收练习，每组 8 ~ 15 次，3 ~ 5 组。

练习者可根据自己的情况来选择重量、次数和组数。

（2）上肢静力性练习。

使用重量较轻的哑铃进行静态力量练习，以发展全身各大肌肉群的绝对力量。

① 哑铃体侧平举静力练习，每组 30 ~ 60 秒，3 ~ 5 组。

② 哑铃体前平举静力练习，每组 30 ~ 60 秒，3 ~ 5 组。

③ 手腕静力对抗性练习，每组 30 ~ 60 秒，3 ~ 5 组。

④ 肩静力支撑练习。

练习者可根据自己的身体素质情况来选择时间、重量和组数。

2. 下肢基础力量练习

（1）下肢各种跳跃练习。

初学者在发展下肢力量时，通常采用多种姿势的弹跳练习方法。如果需要增加负荷，可以使用沙袋进行练习。

① 蹲走跳练习，每组 15 ~ 25 次，3 ~ 5 组。

② 全蹲向上跳练习，每组 15 ~ 25 次，3 ~ 5 组。

③ 收腹跳练习，每组 15 ~ 25 次，3 ~ 5 组。

④ 纵跳摸高练习，每组 15 ~ 25 次，3 ~ 5 组。

⑤ 单腿蹬跳高凳或台阶练习，每组 15 ~ 25 次，3 ~ 5 组。

⑥ 双脚跳越障碍物练习，每组 15 ~ 25 次，3 ~ 5 组。

练习者可根据自己的身体素质情况来选择重量、次数和组数。

（2）下肢杠铃负重练习。

利用杠铃进行下肢肌肉群的训练，以提高下肢绝对力量和爆发力。

① 半蹲起跳练习，每组 15 ~ 25 次，3 ~ 5 组。

② 全蹲起练习，每组 15 ~ 25 次，3 ~ 5 组。

③ 提踵练习，每组 15 ~ 25 次，3 ~ 5 组。

④ 静力半蹲练习，每组 15 ~ 25 次，3 ~ 5 组。

⑤ 弓箭步跨步练习，每组 15 ~ 25 次，3 ~ 5 组。

练习者可根据自己的身体素质情况来选择重量、次数和组数。

（3）力量练习游戏。

可以通过游戏化的方式来进行力量练习，以增强训练的趣味性。

① 推车练习：练习者两腿被同伴抬起当作车子的扶把，以两手支撑身体向前爬行进行练习，每组 30 ~ 50 m，3 ~ 5 组。

② 驮人爬走练习：练习者驮着人手脚撑地向前爬行进行练习，每组 20 ~ 30 m，3 ~ 5 组。

③ 大象走练习：模仿大象四肢着地的动作，同侧手脚同时迈一步，异侧手脚再同时迈第二步，以此方法交替进行练习，每组 30 ~ 50 m，3 ~ 5 组。

（4）发展局部肌肉练习。

可以设计一些针对性较强的练习，以发展局部小肌肉群的力量。

① 小腿负重后抬练习，以发展股二头肌力量。练习方法是直立站立，双手扶持一牢固物，脚腕绑上沙袋重物，以一条腿后屈抬起成 90°，保持 1 ~ 2 秒后再慢慢放下，做 3 ~ 5 组，每组 8 ~ 15 次。

② 小腿负重前伸练习，以发展股四头肌力量。练习方法是坐在凳子上，脚背上绑上沙袋重物，双腿由弯曲到伸直上举，或以单腿轮换伸直上举，做 3 ~ 5 组，每组 8 ~ 15 次。

③ 大腿负重摆动，以发展大腿的内、外侧和腰部肌肉的力量。

练习方法是身体直立，两手叉腰，脚背上绑上沙袋重物，大腿带动小腿做前后或是侧向交叉摆腿动作，做 3 ~ 5 组，每组 8 ~ 15 次。

3. 躯干基础力量练习

（1）杠铃负重练习。

一种练习背肌的方法是采用负重 10 ~ 25 kg 的重量。练习者可以平躺或俯卧在两条凳子上，使身体中部悬空，然后将重物放在身体的悬空部位，以静态支撑的方式练习数分钟，做 3 ~ 5 组，每组 2 ~ 5 分钟。

（2）垫上练习。

① 练习者俯卧在垫上，陪练者双手按住练习者脚后跟，颈背部放一沙袋等重物做曲体后仰练习，借以发展后躯干肌肉群的背部肌肉力量，做 3 ~ 5 组，每组

8 ~ 15 次。

② 练习者俯卧在垫上，陪练者双手按住练习者脚后跟，手持重物或是徒手做仰卧起坐练习，做 3 ~ 5 组，每组 8 ~ 15 次。

③ 练习者侧卧在垫上，陪练者双手按住练习者脚后跟，手持重物或是徒手向体侧做侧卧起练习。此项练习同样可以在垫子上进行。

④ 练习者背卧起：俯卧在跳箱上，脚腕后跟勾住肋木架，手持重物或是空手做屈体后仰练习，做 3 ~ 5 组，每组 8 ~ 15 次。

二、专项速度素质训练

速度素质是匹克球专项身体素质训练的核心，因为匹克球竞赛的胜负取决于不同形式的速度竞赛。匹克球运动专项速度素质训练主要包括发展快速反应速度、起动加速度、变向移动速度、挥臂速度和前后场配合的连续速度等方面。匹克球运动的速度耐力是指在长时间的比赛或训练中，保持速度素质充分发挥的一种能力。在速度训练中，需要注意提高绝对速度的同时，培养速度耐力，以发展无氧和有氧的变速能力，在比赛中保持一定时间内持续快速的运动能力。以下是一些匹克球运动专项速度素质训练方法。

（一）专项反应速度练习

1. 视听反应速度练习

（1）相互击拍手掌练习：一人先伸出手掌，另一人听或看手势信号做快速拍击对方手掌的练习，做 3 ~ 5 组，每组 8 ~ 15 次。

（2）看手势进行各种向前、向后、向左右两侧的场地快速移动练习，做 3 ~ 5 组，每组 20 ~ 25 次。

（3）击球挥拍动作练习：听陪练喊数字口令，练习者做出相应的事先规定好的击球动作，做 3 ~ 5 组，每组 20 ~ 25 次。

（4）起动步法练习：练习者听或看信号做起动步法练习，做 3 ~ 5 组，每组 8 ~ 15 次。

2. 专项动作速度练习

（1）多球练习。

① 练习者站在距离墙壁 2 m 左右处，做连续快速截击练习，做 3 ~ 5 组，每

组 1 ~ 3 分钟。

② 两人一组，陪练者喂高球，练习者做多球快速高压球练习，做 3 ~ 5 组，每组 20 ~ 25 次。

③ 两人一组，陪练者喂网前小球，练习者做快速上网击网前小球练习，做 3 ~ 5 组，每组 20 ~ 25 次。

（2）快速跳绳练习。

① 单足快速变速跳练习，做 3 ~ 5 组，每组 1 ~ 3 分钟。

② 1 分钟快速单摇练习，1 分钟内以最快速度完成单足单摇跳，做 3 ~ 5 组。

③ 1 分钟快速双飞摇练习，1 分钟内以最快速度完成双足双飞摇跳，做 3 ~ 5 组。

（3）下肢快速频率练习。

① 原地快速高频率小密步踏步练习，做 3 ~ 5 组，每组 1 分钟。

② 原地快速高抬腿练习，做 3 ~ 5 组，每组 1 分钟。

③ 原地快速向前向后屈腿踢练习，做 3 ~ 5 组，每组 1 分钟。

④ 原地快速转体跳练习，做 3 ~ 5 组，每组 1 分钟。

⑤ 原地快速左右体前交叉跳练习，做 3 ~ 5 组，每组 1 分钟。

（4）跨越障碍物练习。

在匹克球运动专项速度素质训练中，可以设置一定数量的障碍物，摆放成直线或斜线，训练者可以采用各种跑跳姿势快速穿越或跳越这些障碍物。

（二）专项移动速度练习

1. 直线进退跑练习

训练者从场地底线开始全力快速向前冲跑至网前，最后一步跨步用手触网后又迅速后退至底线做起跳高压击球动作，然后又向前跑，反复进行，做 3 ~ 5 组，每组 20 ~ 25 次。

2. 左右两侧跑练习

训练者面向球网，向右移动用右手（右手握拍为例）触地后，迅速退回中心位置，又向左侧移动用右手（右手握拍为例）触地，反复进行练习，做 3 ~ 5 组，每组 20 ~ 25 次。

3. 四角跑练习

低重心用上网步法向前、后四个角快速移动，做 3 ~ 5 组，每组 20 ~ 25 次。

4. 四方跑练习

练习者沿球场半场（前面非截击线）边线快速跑，要求场地角上变换方向要快，做 3 ~ 5 组，每组 5 ~ 10 圈。

三、专项耐力素质训练

匹克球运动中所需的专项耐力与长跑等体能运动项目所需的长时间的持续耐力不同，它是一种在快速反复运动的前提下进行的间隔时间长短不一的速度耐力。比赛中需要进行数百次的反复快速起动、移动、完成击球动作，这种持续的快速运动贯穿整场比赛，因此专项耐力素质在匹克球运动中起着极其重要的作用。专项耐力素质的训练以发展强度高、间歇短的速度耐力为主，常用的练习方法包括以下两种。

1. 速度耐力训练

（1）跑步加步法练习法。一种常用的方法是练习者在进行 100 m、200 m 或 300 m 全力冲跑后，立刻进行 1 分钟或 45 秒的全场步法快速移动练习，两项练习完成为一组。组与组之间可以间隔 2 ~ 3 分钟，根据练习者身体情况进行 3 ~ 6 组的训练。

（2）快速绕圈跑加蛙跳练习。绕全程快速跑 4 圈后立即做快速蛙跳 20 m 为一组，根据练习者身体情况做 3 ~ 6 组。

（3）一分钟快速跳绳加快速 10 m 往返跑练习。先做一分钟快速跳绳后立即进行 10 m 快速往返跑为一组，根据练习者身体情况做 3 ~ 6 组。

2. 多球耐力训练

匹克球专项耐力训练经常运用多球训练法，进行全场各种位置的连续击球练习，这样的耐力最接近匹克球运动比赛实战。常用的多球训练有以下练习方法：

（1）后场多球左右连续大力击平远球练习，做 3 ~ 6 组，每组 30 ~ 40 球。

（2）后场多球定点连续大力高压球练习，做 3 ~ 6 组，每组 30 ~ 40 球。

（3）后场多球左右连续高压球练习，做 3 ~ 6 组，25 ~ 35 球。

（4）全场多球跑练习，做 3 ~ 6 组，每组 35 ~ 40 球。

四、专项灵敏素质训练

在匹克球运动中，运动员必须在 35 m^2 的场地上做各种快速挥臂击球动作，包括急起、急停、前后左右快速移动、转向、回动、跳跃等。因此，增强灵敏素质对匹克球技术水平的提高至关重要。以下是一些简单易行的基础灵敏素质训练方法。

（1）抛接匹克球练习。

① 蹲起接抛球练习。练习者将球向上抛起，然后下蹲用手指触地后，再快速站起用右手接住球，做 3 ~ 5 组，每组 15 ~ 20 次。

② 接抬腿抛球练习。练习者右手持球，抬起右腿，然后右手将球从抬起的右膝下向左上方抛起，再用左手接住，再换另一手，连续交换练习，做 3 ~ 5 组，每组 15 ~ 20 次。

③ 双手左右抛接球练习。练习者两臂侧平举，右手把球向左侧方向轻轻抛过头顶，然后左手接住球，再用左手把球抛回给右手，做 3 ~ 5 组，每组 15 ~ 20 次。

④ 接绕臂抛球练习。练习者左臂向前平举，然后用右手把球从左臂下面向上抛起，再用右手接住球，连续做数次后，再换左手做同样的练习，做 3 ~ 5 组，每组 15 ~ 20 次。

⑤ 转体接抛球练习。练习者用右手把球向上抛起，接着身体原地跳起向左转体 360°，然后接住球。再换左手向上将球抛起，接着身体原地起跳向右转体 360°，再接住球为一组，做 3 ~ 5 组，每组 15 ~ 20 次。

⑥ 接身后抛球练习。练习者单脚站立，同侧手把球从背后经肩膀上方抛向身前，然后用抛球手接球，接球后才能把提起的脚放下。换另一只脚站立，以另一只手做同样的抛球接球练习，做 3 ~ 5 组，每组 15 ~ 20 次。

⑦ 接胯下抛球练习。练习者两脚左右开立，上体前屈，一手持球经胯下把球从背后抛向身前，然后身体快速站直把球接住，做 3 ~ 5 组，每组 15 ~ 20 次。

⑧ 绕场地颠球练习。练习者沿着球场边线，边跑边抬击球，先顺时针跑，再逆时针跑，做 3 ~ 5 组，每组 15 ~ 20 次。

⑨ 连续抛接多球练习。练习者单手连续抛接两球或者双手连续抛接三球练习，做 3 ~ 5 组，每组 15 ~ 20 次。

（2）灵敏游戏练习。

① 颠球球绕杆练习。在长 20 m 的直线平地上竖着 10 个杆，练习者做抬击球绕杆接力跑练习。

② 追抛球练习。4 ~ 8 人相距 2 m 围成圆形，用一个球相互抛接，其中一名选手追抓球，接球失手者变为追球者。

③ 掷匹克球击人练习。在匹克球场发球区内站着一名守方选手，攻方选手则站在该区以外，用 5 只匹克球掷击发球区内守方选手，相互比赛守方被击中个球数，被击中球数多者为输方。

五、专项柔韧素质训练

匹克球运动中的柔韧素质指人体各关节活动时肌肉和韧带的弹性和伸展度。柔韧性训练一般在一定量的热身活动后进行，这样可以循序渐进地使身体各部位韧带的韧性得到发展，同时也能避免韧带拉伤。在进行柔韧练习时，应该注意最大限度地拉长韧带，这样才能获得更好的练习效果。

1. 拉长身体各部位韧带练习

（1）体前曲练习。练习者两足并脚站立，双腿挺直，双手掌触摸脚趾，做 3 ～ 5 组，每组 60 ～ 90 次。

（2）转体伸展练习。练习者以两足左右开立与肩同宽站立为基础姿势，然后将两臂在胸前水平屈，掌心向下，上体向左转，同时将两臂向两侧伸开。接着再向右侧做同样的动作，以此循环练习。做 4 ～ 6 组，每组 8 次。

（3）前屈振臂练习。练习者直立，上体微前屈，两臂伸直后做振臂动作，做 3 ～ 5 组，每组 8 次。

（4）体侧屈伸练习。练习者以两足左右开立与肩同宽站立为基础姿势，两手触肩，上体向左侧屈，同时将右臂向上伸直，进行侧屈伸练习。再以相同的动作，向右侧相反方向做右侧屈伸练习。需要注意的是，手臂向上时要保持伸直。

2. 拉压韧带练习

拉压韧带的练习通常有以下几种方法：

（1）正面压腿练习。练习者坐在地上，双腿伸直，脚尖朝上，慢慢地将双手放在膝盖上，然后慢慢地向前弯腰，尽量让手指触碰到脚趾。保持这个姿势数秒钟，然后慢慢地回到起始姿势。重复以上动作，每次保持时间逐渐增加，直到能够将手指触碰到脚趾并保持 30 秒左右。

需要注意的是，在进行正面压腿练习时，应该遵循循序渐进的原则，不要过度用力或者过度伸展肌肉和韧带。

（2）侧面压腿练习。练习者坐在地上，一只腿伸直，另一只腿弯曲放在身体侧面，然后将上半身向前倾斜，尽可能地靠近伸直的腿，同时用手臂抱住伸直的腿。保持这个姿势数秒钟，然后慢慢地回到起始姿势。重复以上动作，每次保持时间逐渐增加，直到能够将手臂抱住伸直的腿并保持 30 秒左右。

（3）后压腿练习。练习者坐在地上，一只腿伸直，另一只腿屈曲放在身体后面，慢慢地向前屈身，尽可能地靠近伸直的腿，同时用手臂抱住伸直的腿。保持这个姿势数秒钟，然后慢慢地回到起始姿势。重复以上动作，每次保持时间逐渐增加，直到能够将手臂抱住伸直的脚并保持 30 秒左右。

（4）劈叉练习。练习者直立，两脚分开，与肩同宽，双手放在腰间；向左侧迈出一步，同时将左腿向外侧伸直，右腿向内弯曲；慢慢地向前屈身，尽可能地靠近伸直的左腿，同时用双手抓住左脚或小腿；保持这个姿势数秒钟，然后慢慢地回到起始姿势。重复以上动作，每次保持时间逐渐增加，直到能够将手抓住左脚或小腿并保持 30 秒左右；然后换另一侧重复以上动作。

（5）拉压肩练习。练习者直立，两脚分开，与肩同宽，双手放在身体两侧；将左臂向上伸直，手掌朝向身体中心，尽可能地向后伸展；同时将右臂向下伸直，手掌朝向身体外侧，尽可能地向后伸展；保持这个姿势数秒钟，然后慢慢地回到起始姿势。重复以上动作，每次保持时间逐渐增加，直到能够将手臂向后伸展并保持 20 秒左右；然后换另一侧重复以上动作。

需要注意的是，在拉压韧带练习时，应该遵循循序渐进的原则，不要过度用力或者过度伸展肌肉和韧带。另外，如果感觉到疼痛或不适，应该立即停止练习。

第六章
匹克球实战应用

第一节 赛前准备

为了更好地掌握比赛节奏并避免意外情况的发生，进行充分的赛前准备是非常重要的。通常来说，选手们至少在正式比赛前一天为此做好准备。在本节中，我们将介绍一些需要注意的赛前准备事项。

1. 适应场地

为了更好地适应比赛场地，建议在比赛前一天前往赛场进行适应。最好在上午和下午各适应一次，因为不同时间段周围景物的光照都不同。特别是在不同的球场上，光线的差异可能会很大，室外场地太阳光线影响很大。在适应场地时，应该多关注球的弹跳、速度和跑动时地面给予的反馈等因素。

2. 补 水

为了保持足够的水分，建议在比赛前一天开始补水。同时，在上场前也要适量补充水分，但要避免在比赛时过多地饮水，从而影响运动能力的发挥。

3. 物品准备

在赛前做好比赛物品的准备，包括准备比赛相关证件、手胶（吸汗带）、太阳帽、毛巾、备用比赛服、袜子、饮水瓶、创可贴、能量棒，以及其他个人必需品等。

4. 查看签位、时间表

比赛前详细查看签位和时间表是很必要的，这样就可以了解比赛对手的情况，以及自己需要何时到达比赛场地。

5. 分析对手

如果能够在网络上找到对手的比赛录像，建议提前与搭档观看，并分析对手的长处和短处，以制订更有效的战术。如果找不到对手的比赛录像，应该在比赛当天仔细观察对手的练习情况，并与搭档进行沟通。

6. 推演比赛

在比赛前，可以在脑海中想象接下来的比赛，重点考虑拟订的战术，并模拟可能遇到的困难，制订对应的解决方案，以便在比赛中取得胜利。

7. 合理饮食

运动的合理饮食应该包括以下五个方面：

（1）碳水化合物：碳水化合物是提供能量的主要来源，应该占总热量的 60% ~ 70%。建议选择含有高纤维、低 GI（食物血糖生成指数）的碳水化合物，如全麦面包、糙米、燕麦等。

（2）蛋白质：蛋白质是维持肌肉组织的重要营养素，应该占总热量的 15% ~ 20%。建议选择瘦肉、鸡蛋、豆类等富含蛋白质的食物。

（3）脂肪：脂肪是提供能量和维持身体正常功能的重要营养素，应该占总热量的 15% ~ 25%。建议选择富含不饱和脂肪酸的食物，如橄榄油、鱼类等。

（4）水分：运动时身体会大量流失水分，需要及时补充。建议在运动前、中、后适量补充水分，以保持身体水分平衡。

（5）维生素和矿物质：维生素和矿物质对维持身体健康和运动表现都非常重要。建议多食用新鲜蔬菜、水果等含有丰富维生素和矿物质的食物。

需要注意的是，运动前应该避免过度饮食和进食过于油腻或辛辣的食物，以免影响运动表现和健康。

8. 缓解紧张情绪

比赛前每名运动员多少都有紧张的情绪，过度紧张的情绪会消耗人的精力，让人无法进入最佳的比赛状态。所以，比赛前要注意及时缓解紧张情绪。以下是匹克球比赛前缓解紧张情绪的一些方法：

（1）深呼吸：通过深呼吸来放松身体和心态，有助于缓解紧张情绪。

（2）想象放松场景：想象自己处于一个放松的场景中，如海滩、森林等，可以帮助缓解紧张情绪。

（3）轻度运动：进行一些轻度的运动，如散步、瑜伽等，有助于缓解紧张情绪。

（4）聆听音乐：听一些舒缓的音乐，可以帮助放松身心，缓解紧张情绪。

（5）积极思考：积极思考自己的优势和成功经历，可以提高自信心，缓解紧张情绪。

需要注意的是，每个人的情况不同，应该根据自己的实际情况选择适合自己的方法来缓解紧张情绪。

9. 赛前热身

比赛前 1 小时先进行身体层面的热身，使身体在比赛开始就处于竞技状态。然后比赛前半小时开始进行技术层面的热身，使所有的技术动作都有几次击球的机会，重点练习战术中最为依赖的技术动作。

进行适当的热身有助于减小受伤的风险，提高比赛表现。以下是匹克球比赛前的一些热身建议：

（1）跑步热身：进行 5 ～ 10 分钟的跑步，可以帮助加速心率和血液循环，准备好身体。

（2）关节活动：进行一些关节活动，如旋转手腕、转动肩膀等，可以帮助减少受伤的风险。

（3）拍打羽毛球：进行一些简单的拍打羽毛球的练习，可以帮助适应球拍和羽毛球的重量和手感。

（4）运动拉伸：进行一些运动拉伸，如腿部伸展、臀部伸展等，可以帮助放松肌肉并提高灵活性，但是拉伸不能过度。

需要注意的是，热身时间应该适当控制，过长或过短都不利于比赛表现。同时，热身时应该逐渐增加强度和幅度，以避免受伤。

第二节 心理控制

在匹克球比赛中，心理状态对球员水平的发挥有很大的影响，尤其是当双方技术水平相近时，心理甚至成为决定比赛胜负的关键因素。心理内容涉及广泛，包括心理素质、情绪管理、注意力、责任感、心理状态等诸多方面。以下是一些简单易行的建议，可以帮助球员在心理战中取得胜利：① 要保持积极的心态，相信自己可以战胜对手；② 在比赛前要做好充分准备，包括身体和心理上的准备；③ 比赛中要保持专注和冷静，不要被情绪左右；④ 要学会控制呼吸和放松身体，以缓解紧张情绪；⑤ 在比赛中要保持自信，即使遇到困难也不要轻易放弃；⑥ 在比赛结束后，无论胜败都要保持平静的心态，总结经验教训并为下一场比赛做好准备。这些建议可以帮助球员在比赛中保持最佳的心理状态，从而发挥出更好的水平。

1. 积极的心理暗示

当比赛准备上场时，要对自己有充分的自信。可以想象自己是自己喜欢的某一专业球员，暗示自己能像他一样击球。告诉自己今天各方面有很好的感觉，相信自己比对手来说更加有优势。

2. 善于推演

在比赛开始之前，可以通过脑力训练来预先推演比赛的进行。这包括思考自己如何运用战术来发球、截击、高压得分等，以及比赛可能会如何进展，最终如何取得胜利。同时，在每一分开始之前，可以迅速推演前几回合的击球策略。持续锻炼推演能力，能够帮助解读比赛情况，赢得心理上的优势，并提升战术执行能力。

3. 关注当下

每场比赛由多个局组成，每个局又由多个分组成。在比赛中，需要将注意力集中在最小的计算单位上，即每一分。每一分都有两种结果：赢和输。如果赢了一分，只需保持积极的心态，并不需要时刻回忆刚才是如何取胜的。如果输了一分，应该迅速思考为何输掉了这个分数，而不是一直带着沮丧的情绪进入下一分的比赛中。

4. 平稳心态

比赛时，我们要保持稳定的心态。不论比赛过程如何变化，对手状态如何波动，我们都尽量平静地面对这一切。平静的心态不代表不关注比赛结果，也不意味着没有胜利的欲望，更不表示缺乏竞争意识和奋斗精神。平静的心态是指不被场上局势所左右，始终怀揣渴望胜利的心情，保持奋斗的意识，并冷静地观察局面。无论是暂时取得胜利还是短暂落后，我们都不应过度喜悦或沮丧。只有保持平稳的心态，才能够更加稳定地发挥技术，同时也能在局势的起伏中保持优势。

5. 正视压力

在竞技比赛中，球员通常会因压力过大而导致发挥失常。为了应对这种情况，一些人可能试图通过各种方式来减轻压力。然而，实际上我们应该正视并保持一定程度的压力。理想的状态是，在适当的压力下能够发挥出最佳竞技状态。如图 6-1 所示，随着压力的增大，竞技状态会有所提升；但如果继续增大压力，竞技状态将会下降。因此，球员应该更多地了解自己的最佳压力范围，并在比赛中尽量调整到最优压力值附近。如果感觉自己太放松，可以考虑比赛的重要性，增加一些压力；如果感觉自己负担过重，则可以尝试使用各种减压办法来减小压力。

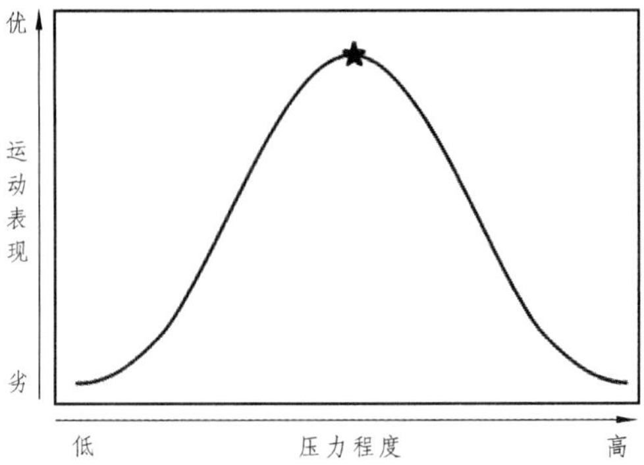

图 6-1 压力程度及运动表现的关系

6. 比赛不良心理状态的改善方法

（1）呼吸调节法。

呼吸调节法是通过深吸气和缓慢呼气的方法来帮助运动员消除紧张情绪，稳定精神状态。运动和呼吸之间存在着紧密的关系。在运动中，良好的呼吸习惯有助于运动员在比赛前调整状态、稳定情绪，在比赛中发挥出合理的体能，并在比赛结束后迅速消除疲劳。这种方法具体操作如下：首先，采取坐姿或站姿，闭上眼睛，保持心境平静。然后，通过鼻子深吸气，直到感觉肺部充盈，无法再吸入更多空气为止。停留在这个状态下屏住呼吸 3 秒钟。接着，缓慢地呼气，将肺内的空气全部排出，停留在这个状态下 3 秒钟。在进行呼吸调节时，运动员应完全专注于呼吸的过程，并保持自然放松的状态。重复这个过程数次后，紧张的情绪会逐渐消失。

这种呼吸调节法对运动员来说是一种简单有效的办法，可以在比赛前后帮助他们调整情绪、放松身心。它是一种自然的技巧，可以随时随地进行，让运动员更好地发挥潜力和应对压力。

（2）自我暗示法。

自我暗示法是一种积极的心理训练方法，其目的是通过自我暗示来增强运动员在比赛中面对困难和挑战时的信心和能力，以达到成功的目标。自我暗示可以激发运动员的斗志和信念，并提高他们的精神状态。在匹克球运动中，采用自我提示和暗示是培养自信心的有效途径。

在实际运动过程中，运动员可以使用语言来进行自我暗示，例如，在比赛前，可以用肯定的语句如“我有能力出色发挥”来激励自己，并打造必胜的信念，从而在比赛中敢于拼搏并争取每个得分机会，直到比赛结束。

（3）活动调节法。

活动调节法是通过参与运动锻炼来改善心情焦虑或情绪低落的方法，以提高大脑的兴奋性并释放抑郁低落的情绪。对于匹克球运动员而言，他们可以根据自身情况选择持拍颠球或对墙连续击球练习，并根据个人体力状况确定运动的强度，以缓解不良情绪并重塑健康的心理状态。

（4）肌肉控制法。

肌肉控制法是一种通过逐步控制肌肉放松的方法，使身体感到轻松和愉快，从而缓解焦虑、释放身心压力并保持良好心态。举例来说，对于手和脚的肌肉控制，练习者可以右手紧握左手，逐渐用力后再逐渐放松，然后交换手进行练习。另外，练习者还可以用力将一只脚向上勾起再慢慢放下，然后换另一只脚重复这个动作。此外，颠球和对墙击球的练习也可以有效地控制上肢肌肉，并达到放松心态的目的。

（5）音乐调解法。

音乐与人的生活息息相关，具有心理作用，能够影响人的情绪，调解和调动人的精神状态，培养性情，以达到振奋精神的目的。举例来说，在比赛前，缺乏自信心的运动员可以选择听一些节奏感强烈、鼓舞士气的音乐，以帮助恢复自信，提高参赛的渴望；而渴望胜利的运动员可以选择听一些抒情缓和、稳定情绪的轻音乐，以平复激动的情绪，以便冷静地应对比赛。

7. 赛后心理调整

匹克球比赛前和比赛中，运动员会耗费大量能量。为了让身体和心理能够恢复到正常状态，以备未来的训练和比赛，赛后的积极心理调整非常重要，主要体现在以下三个方面：

首先，要有正确的比赛结果观念。优秀的匹克球运动员应该拥有正确看待比赛胜负的素质。无论是胜利还是失败，都应当以积极的心态面对。比赛后，可以通过与指导老师交谈或者寻求咨询来帮助自己调整心态，正确对待比赛结果。胜利者应当认可自己的成绩，同时指出自身的不足，避免过度自信。失败者则应该看到自己在比赛中的良好表现，分析失败的原因，明确自己的努力方向，避免自我贬低。

其次，对人际关系的正确评价和调整。比赛结果可能会导致运动员心理状态不同程度的变化。对于一些心理状态不稳定的人来说，比赛胜利可能使其骄傲自满，过于关注自我，不听从指导老师的安排和劝告。而失败可能会引发紧张的人际关系，导致产生埋怨和对抗的不良情绪。这些不良心理状态都会对日后的训练和比赛产生负面影响。因此，比赛后，运动员应重新评价和调整与指导老师、参赛者和同伴等人之间的关系。指导老师应正确引导运动员的人际关系认知，运动员本身也应进行客观的比赛分析，为未来的训练和比赛创造良好的人际氛围。

最后，学会放松。放松是为了调整心态，使运动员能够在激烈和紧张的训练和比赛中更加投入。比赛后，指导老师或运动员本人可以通过语言引导、自我冥想、听音乐，以及参加娱乐活动和旅行等方式来转移比赛前和比赛过程中的紧张情绪，放松心情，促进身心能量的积极恢复。

第三节 匹克球战术与策略

战术对于发挥运动员的技术特点、限制对手发挥以及为己方创造优势至关重要。深刻的战略意识和巧妙的战术是衡量运动员运动水平的重要标志。战术是指在比赛中为表现出高超的竞技水平、战胜对手而采取的计谋和行动。战术与技术、体能、心理素质之间是相互联系、互相依存、互相制约的辩证关系。比赛中良好的技术、体能、心理素质只有在具体的战术配合和行动中才能得以充分发挥。先进的战术可以积极地促进技术、体能、心理素质的提高。在制订战术计划时，应该充分考虑外部条件、自身的强项和弱项以及对手的强项和弱项，以己之长，克敌之短。在选择战术时，应该根据自身的实际情况以及对方的技术、战术水平，在击球的一瞬间选择对己方有利的回击球路，以达到最佳的战术选择。匹克球比赛有以下基本战术和打法。

1. 发球策略

在匹克球比赛中，发球的目的不是直接得分，而是向对手施加压力，为下一拍进攻创造机会。发球的线路分为外角、中路和内角三种。外角发球可以增加对手的击球难度，而中路发球可以对对手的接发线路造成一定限制，帮助发球方容易预判和回击。内角发球则可以限制对手打开线路，帮助发球方组织网前进攻。在比赛中，发球者应该观察对手的站位和己方战略意图，选择不同的线路和落点，并适时变化，使对手一直处于猜测的状态，增加其心理负担。发球上网是匹克球比赛中常用的战术之一，需要注意合理的站位、正确的发球路线和准确的预判。

2. 第三拍策略

在匹克球比赛中，发球方的第二次击球技术也称为第三拍战术（策略）。这种战术的实施是发球方在第一拍发球后，第二拍接对方回击的球，并将球吊至对方的非截击区内，创造快速上网的机会，压制对方。这种战术可以有效地应对对手匆忙上网或技术欠佳的情况，同时也可以通过挑高球的方式压制对方上网。

3. 中、后场吊网前短小球战术

在匹克球比赛中，当运动员身处中、后场时，应该尽量将球击回对方的非截击区内，以获得上网的时间，并避免被对方持续压制在后场。这样可以为自己创造更多的进攻机会，提高比赛的胜算。吊球上网时机和上网位置要根据吊球的质量而定。当吊球的质量较好时，可果断移动至非截击线附近，做好截击准备；当吊球的质量不是很理想时，上网的过程中要看对方的回击球再做进一步的移动；当吊球的质量非常不好时，上网一步后马上止步，做好防守的准备。

4. 双打移动原则

在匹克球双打比赛中，同一方的两个人要像一个整体一样移动。同一方的两名球员在向前移动准备进攻和向后移动准备防守时要保持一致前后移动。在进攻时，两人同上可以更加严密地封网，给对手施加更大的压力；在防守时，两人同时后退各守一方，可以使防线更加牢固。如果两名球员站位不一致，将会给对手留出较大的击打空档，且此空档相对难以防守。侧向移动同样要遵守这个原则，例如如果左侧球员向左移动击球，右侧球员应适当向左移动保护空档区域。

5. 单打基本打法

在匹克球单打比赛中，发球者往往以发内角球为主，内角发球可以限制对手打开线路，帮助发球方快速上网组织网前进攻；接发球者往往以大力抽击攻后场底线两角为主，目的是把对手压在底线，让其左右奔跑，消耗对方体力。

6. 控制比赛节奏策略

比赛节奏既包括击球节奏，也包括比赛中各环节进行和衔接的节奏。控制了比赛节奏的一方往往会取得比赛的胜利。一场比赛也可以看作是一场双方努力将对手拉到使自己最舒适的节奏上的博弈。

（1）重视每局的前两分。

重视前两分，可以帮助己方在开局时紧凑高效地展开攻势，并顺利拿下比分。而此时对方运动员可能还未完全集中注意力，认为还有机会追平。虽然存在被追平和被反超的概率，但是趁对手未完全集中精力之际拿下两分是一种很高效的打法。大比分接近局点或场点时，也会给对手造成一定的心理负担，从而影响对方的技术发挥。

（2）加快或放慢比赛节奏。

一场比赛球员状态如波浪般有所起伏，双方状态又如弹簧般此消彼长。当场上局势对己方有利时，应加快比赛节奏，趁此机会多赢得比分。具体做法有：干净利落地结束一分；使用更具有侵略性的战术；拒绝任何浪费时间的行为。当场上局势对己方不利时，应尽量放慢比赛节奏，少丢分，等待状态回升。但放慢比赛节奏的做法不应有悖于体育道德。具体做法有：发球前多拍几下球；分与分之间多与搭档交流，使比赛进行得更慢；在局间休息时，直到读秒结束才返回场地；没有机会进攻时，尽量选择更保守、更缓慢的击球进行防守，如频繁使用深而高的挑高球；保持耐心争取将每一分拖入长回合。

（3）连续丢分时，改变战术。

当连续丢掉一局，且在第二局中依然毫无起色时，应意识到目前所执行的战术存在问题。此时要使用本章所述的放慢比赛节奏的方法，同时开始实施赛前所准备的备选战术。若备选战术已不适用，应根据场上形势与搭档沟通，尽快制订另一方案。在关键分时坚持使用最擅长的武器。当对战双方实力相当时，比赛会进行得非常焦灼，这样对双方运动员的技术、身体、心理和意志品质都是极大的考验。这时更要坚定信心，努力用自己最擅长的方式进行比赛。拒绝在此时做实验，贸然尝试不熟悉的技术和战术。

（4）在任何时候都要有耐心。

高水平匹克球比赛每一回合击拍就能得分的情况非常少见，都是多拍的艰苦战斗才能取胜。在比赛中随着回合的增多，不可急于求胜，也不可过于冒险进攻。告诉自己永远去准备下一拍击球，即便自认为打出了致命一击也要确定得分之后再进行庆祝。告诫自己争取每一分都比对手多打一拍。

7. 匹克球制胜技巧

（1）快速到达非截击区。

在匹克球运动中，最有利的位置是非截击线附近。占据它可以给你的对手形成压力，在这个位置你将获得更宽的击球角度。你应该尽快到达非截击区，但在到达截击线的过程中要注意球的位置。

我们往往犯这样的错误：盲目地冲向非截击区，结果正好被球砸中或者被对手的挑高球过头。因此，在前进的过程中，要时刻注意来球的方向和对手的位置。

具体做法是当你向非截击区前进的过程中，在对手将要触球那一刻，立刻做一个止步动作，这样就不会被球击中或者高球过头。同样，如果你不得不离开非截击区去救球，或者如果你需要因为掩护你的伙伴而进行移动，那么请不要在你的新位置上多作停留，应该尽可能快地向前移动并重新占据非截击区。

（2）让你的对手待在后场。

这与上一个诀窍有异曲同工之妙。如果说球场上的最佳位置是非截击线附近，那么就应该把你的对手逼到后场。

当你在非截击线附近时，让你的对手退至后场会使他们处于不利地位。在后场，他们有更多的球场面积需要覆盖，此外，他们还有一项艰巨的任务，即要在非截击区里打出一个精巧的落点，从而给自己留出时间来迎前。

如果你的对手们不能接近非截击线，你可以通过将落点尽可能地靠近他们的脚步，从而将他们锁在后场。脚下落点的球是最令人难受的，回击打这样的球失误率很高。

（3）打近者原则。

如果你有一个不错的高点击球的机会，一般来说，朝着离你最近的对手击球会是个好的选择。这样留给你的对手的反应时间较短，因此，对手不太可能很好地回击你的截击或者高压。

（4）发球以稳为主。

在比赛过程中，发球稳定非常重要，发球失误就是放弃了得分的机会。如果你在发完球后采取更有效的战术并且发球保持稳定，让你的对手失误，是一个最好的选择。

发出一个让对手碰都碰不到的短球或者把球发得很有威胁（如底线长球或者旋转很强的球）感觉当然很棒。但如果你的发球有一半都下网或出界，那么这就不是一个能带给你胜利的策略。

（5）多利用“放短”球的技巧。

放短球技术是匹克球的基本技巧之一，应该是每名优秀匹克球运动员的必备技能。这个技巧很重要，因为它可以限制了对手的进攻，并为你赢得向非截击区前进的时间。如果你发现自己身体没到位，需要调整自己的站位时，放短是一个不错的选择。

（6）知道自己何时该攻，何时该守。

在匹克球比赛中，拥有优势的队伍可以在攻守上迅速作出转变。在某一时刻，你可能处于进攻状态，但在下一刻，攻守形势可能就会发生逆转，你会发现自己在拼命救球，尽力挽救每一分。

所有球员都会犯的一个常见错误是：当应该打得更保守的时候，却一味地进攻；

或者当应该充分发挥自己的优势，展开进攻时，却打出没有威胁的球，把机会拱手让人。因此，在匹克球运动中，攻守关系随时都在变化，所以要做好迅速适应的准备。

（7）良好的沟通是成功的关键。

在匹克球双打过程中，与同伴及时沟通非常必要。

在比赛中，应该养成沟通的习惯：通过喊“我的”或者“你的”来确定谁要来回击来球。如果你觉得对方球出界了，大声告诉你的搭档“别接”来球。沟通要干脆、及时。

（8）时刻准备着，多打低风险球。

匹克球是一项快节奏的运动，从慢速吊球到令人目不暇接的高速对轰，匹克球都涵盖了。所以你要全神贯注，不能松懈，时刻准备击球，特别是当你在非截击区附近的时候更要时刻准备着。

在准备击球时，保持膝盖弯曲，上半身挺直，保持你的球拍在大概胸膛的位置。确保你的球拍拍头是外展的，而不是内收的。

重要的是，我们得记住，匹克球运动是一项充满失误的游戏，更多的时候，谁失误少谁就赢了。不要抱着每一拍都要打出制胜分的心态。这将导致高难度高风险的击球，从而造成自己的非受迫性失误。

相反，我们要认识到，失误越少，机会越多。

随着比赛的进行，球员们在球场上移动并暴露出大量空当。瞄准这些区域，使你的对手动起来，让对手努力去救球。这将使他们失去平衡，并增加他们失误或出高球的可能性，从而给自己创造一个轻松的得分机会。

第四节　如何观看匹克球比赛

匹克球是一项竞技性极强又富有高雅气息的运动。匹克球文化倡导尊重对手和裁判，女士优先，使用文明用语以及注重举止等。匹克球比赛对声、光、色彩等条件要求严格，若任何一方面出现问题，都会对运动员产生负面影响。因此，在观看匹克球比赛时，观众应保持相对安静，避免发出嘈杂的声响。在匹克球赛场上，为了保证比赛的正常进行，观众应该遵守相应的礼仪规范。

一、匹克球观看礼仪及禁忌

1. 观看礼仪

以下是匹克球赛场观众应遵守的礼仪规范：

（1）观众应在比赛开始前 5 分钟入场，禁止吸烟。如果有贵宾出席，应礼貌地鼓掌表示欢迎。

（2）在颁奖仪式中，当获奖队伍的国歌响起时，观众应保持肃立，避免交谈或进行其他活动。

（3）在比赛过程中，观众应尽量坐在座位上，避免频繁走动。

（4）当运动员准备发球时，全场应保持安静，无论前一个球有多精彩。这有助于运动员集中精力比赛。

（5）观众应在比赛中适时为双方运动员加油鼓劲。对于精彩的表现，可以给予热烈的掌声和喝彩，但不应发出嘘声或起哄。在适当的时机，有节制地为选手呐喊助威是观众应具备的素质。运动员在比赛中通常会全力以赴，实际上非常害怕受到外界干扰。因此，何时加油、何时停止都是观众需要考虑的问题。

（6）观众应遵守赛场规定。

（7）观众不应提前离场。

（8）比赛结束时，观众应热烈鼓掌。

（9）观众的着装应得体大方。

2. 观看禁忌

以下是匹克球赛场观众不应做的事情：

（1）观众不应使用不文明、具有敌意、攻击性或侮辱性的语言刺激球员。

（2）观看比赛时，观众不得燃放烟火，不得向场内投掷物品。

（3）观众不得损坏公共设施，不得做出不文明的手势。

（4）在室内比赛中，观众拍照时不得使用闪光灯。因为瞬间的刺激会干扰选手，分散其注意力。

（5）在室内比赛中，观众禁止吸烟。

（6）观看比赛时，观众应将手机设置为关机或振动 / 静音模式。

（7）观众不得将锣鼓、乐器等响器带入比赛场馆。

这些规定旨在确保比赛的公正和安全，同时也是为了遵循比赛场馆的规定和文明礼仪。

二、匹克球比赛的看点

1. 选手个性特点

匹克球运动打法多样，变化多端，动作舒展，步法灵活，因此具有较强的观赏性。最令人兴奋的当属结局出乎意料的对决。匹克球运动精湛的技术、诡谲的战术、灵活的特点、攻防的变换、精巧的网球短小球以及巧妙的拆招，让战者运筹帷幄，让观者跃跃欲试。随着匹克球运动的蓬勃发展，国际匹克球赛场上涌现出一批又一批杰出的运动员，他们各具特色，高超的竞技水平令人叹为观止。此外，比赛不仅呈现了美感，还由内而外体现出体育精神：拼搏与进取、友谊与团结、和平与公正、关爱与尊重等。这些体育精神能够潜移默化地影响观众，润物无声地鼓舞人心。

2. 现场氛围

匹克球比赛的现场氛围是非常重要的看点。场上的选手挥洒汗水，点燃了场外观众的激情，观众的热情又激发了选手的斗志。匹克球比赛和其他运动项目一样，越是悬念重重就越能激发人们的兴奋。人们甚至在比赛前就对结果有了各种猜测，而这种猜测又会变成赛场上的期待。如果参赛队中有本国球队或自己平时就喜欢的球队（员），观众们的倾向性会更加明显。因此，观众席上会出现不同肤色却同时情不自禁的欢呼声、不同年龄却同样光彩喜悦的面孔。无论是国际重大赛事还是社区、单位的小型比赛，现场氛围都是观看比赛时非常特别的享受。此外，不同城市举办的比赛会有不同风格的观众和不同文化的气息，这些也让观赛变得别有一番滋味。

3. 最佳观赏位置

一般来说，大多数人认为匹克球比赛最好的观赏位置是在赛场的左右两侧，这样可以清楚地看到双方的回合。但是，专业的运动员却认为，坐在赛场前后，也就是运动员身后的位置最佳，这样可以清楚地看到球的线路和运动员的出球方向。因此，教练们通常会坐在运动员的身后观看比赛。

附录一

匹克球竞赛规则与裁判规则

第一节 竞赛规则

一、发球规则

（1）发球者必须站在端线以外、边线与中线的延长线之间的区域，将球发至对方斜对角的发球区内。

（2）凌空发球：发球开始后，发球员球拍的移动轨迹必须是一个自下而上的弧形，击球点不可高于发球员的腰部（即发球员肚脐高度的水平切线），击球时拍头不可高于发球员持拍手的腕关节。

（3）弹地发球：发球开始时，发球员持球手的手臂应静止、球离开持球手或球拍应自然下落，任何提手、抛球或扔球都属于违例。击球时拍头可以高于发球员持拍手的腕关节。

二、两次弹地规则

两次弹地规则是指球发出之后，接发球方与发球方必须在己方场地完成一次弹地击球之后才可截击，否则属于违例。

三、非截击区规则

非截击区是指在比赛中不允许进行截击的区域。以下两种情况都属于违反规定：

（1）所有的截击动作必须在非截击区外启动并完成。如果截击者的身体部位已经触及非截击区，那么他必须将在地面支撑身体的部位移出非截击区后才能开始进行截击动作。

（2）在截击过程中，包括挥拍动作、击球后的惯性动作或冲力，都不能使截击者身体的任何部位，或者与其身体接触的任何物品触及非截击区。这意味着截击者在进行截击时，必须保持身体与非截击区的距离，不能让身体的任何部位进入该区域。

四、得分规则

1. 发球权得分制

截至目前，国际上通常采用的是发球权得分制。发球权得分制是只有发球方才可得分，也就是当发球方或发球方所在的球队赢得比赛，或对方失误时，发球方才能得分。发球方继续发球，交换发球场地，直到发球方输掉对攻或出现失误为止。

接发球方只是努力取回发球权，一般采用11或15分制，三局二胜。

单打比赛发球得分制是发球方胜得分，接发球方胜得发球权，胜方的分数为偶数在右边发球，胜方的分数为奇数则在左边发球。

发球得分制双打比赛比较复杂一些，规则如下：

（1）发球方应首先由右场区的球员发球，如果在后续回合保持发球权，则原发球员变换发球区继续发球。

（2）发球方任意一名运动员都可以担任起始发球员，代表本方在一局比赛中首先发球。同时，起始发球员应佩戴标识手环。每一局开始前可以变更起始发球员，但必须通知临场裁判和对方运动员，同时由新的起始发球员佩戴标识手环。

（3）发球方赢取回合后，发球员变换发球区再发球。发球方得分为偶数（如0，2，4，6，8，…）时，起始发球员站位应在右场区；发球方得分为奇数（如1，3，5，7，9，…）时，起始发球员站位应在左场区。

（4）开启一局比赛时，起始发球只能为第二发球，此后任何一方夺得发球权都至少有两次发球机会。

（5）在一场采用每局11分、三局二胜赛制的比赛中：

①一局的胜方必须首先取得11分且至少领先对方2分；

②一局比赛中，赛至12∶12之后，先得13分的一方获胜该局比赛；

③局与局之间双方应交换比赛场区，且允许有不超过1分钟的间歇；

④决胜局中，当一方先得6分时，双方交换场区。

（6）在一场采用每局15分、三局二胜赛制的比赛中：

①一局的胜方必须首先取得15分且至少领先对方2分；

②一局比赛中，赛至16∶16之后，先得17分的一方获胜该局比赛；

③局与局之间双方应交换比赛场区，且允许有不超过1分钟的间歇；

④决胜局中，当一方先得8分时，双方交换场区。

2. 每球得分制

为了让匹克球运动更加符合我国国情，在国内的匹克球比赛中，为了方便记分和控制比赛时间，往往采用每球得分制。每球得分制是无论发球方或接发球方，赢取回合都可得分。发球方得分为偶数（如0，2，4，6，8，…），应从右发球区发球；发球方得分为奇数（如1，3，5，7，9，…），应从左发球区发球。

以双打为例：

（1）发球方任意一名运动员都可担任首先发球员，接球方任意一名运动员都可担任首先接发球员，各自佩戴标识手环。双方可以在每一局开始前变更首先发球员或者首先接发球员，但必须通知临场裁判和对方运动员。同时，标识手环改由新的首先发球员、首先接发球员佩戴。

（2）发球方得分为偶数（如 0，2，4，6，8，…），应从右发球区发球；发球方得分为奇数（如 1，3，5，7，9，…），应从左发球区发球。

（3）发球方胜一回合得一分，原发球员变换发球区再发球。

（4）接发球方上一回合最后一次发球的球员应在原发球区，其同伴的站位与其相反。

（5）接发球员应是站在发球员斜对角发球区的球员。

（6）接发球方胜一回合得一分，随后接发球方成为新发球方。

（7）球员在比赛中不应有发球、接发球顺序错误或在一局比赛中连续两次接发球。

（8）一局胜方在下一局先发球。

（9）在一场采用每局 21 分、三局二胜赛制的比赛中：

① 一局的胜方必须首先取得 21 分且至少领先对方 2 分；

② 一局比赛中，双方赛至 20 ∶ 20 之后，领先对方 2 分的一方获胜该局比赛；

③ 一局比赛中，双方赛至 22 ∶ 22 之后，先得 23 分的一方获胜该局比赛；

④ 局与局之间双方应交换比赛场区，且允许有不超过 1 分钟的间歇；

⑤ 一局比赛的获胜方在下一局首先发球；

⑥ 决胜局中，当一方先得 11 分时，双方交换场区。

（10）在一场采用每局 15 分、三局二胜赛制的比赛中：

① 一局的胜方必须首先取得 15 分且至少领先对方 2 分；

② 一局比赛中，双方赛至 14 ∶ 14 之后，领先对方 2 分的一方获胜该局比赛；

③ 一局比赛中，双方赛至 16 ∶ 16 之后，先得 17 分的一方获胜该局比赛；

④ 局与局之间双方应交换比赛场区，且允许有不超过 1 分钟的间歇；

⑤ 一局比赛的获胜方在下一局首先发球；

⑥ 决胜局中，当一方先得 8 分时，双方交换场区。

五、报分规则

裁判员应在回合开始前完成比分的宣报。

1. 单 打

宣报时，报出双方的得分，例如 3 ∶ 5，应宣报“3 比 5”，其中第一个数字 3，代表发球方的得分；第二个数字 5，代表接发球方的得分。

2. 双 打

（1）发球权得分制。宣报时，报出双方的得分及发球次序，例如 4-7-2，应宣报“4 比 7，第 2 发球”，其中第一个数字 4，代表发球方的得分；第二个数字 7，代表接发球方的得分；第三个数字是发球方在本回合的发球次序。当开始一局比赛时，应宣报“0 比 0，第二发球”。

（2）每球得分制。宣报与单打相同。

六、暂停规则

（1）常规暂停。每次限时 1 分钟。

① 发球权得分制，每局 11 分或 15 分赛制时，双方每局各有 1 次机会；每局 21 分赛制时，双方每局各有 2 次机会。

② 每球得分制，每局 21 分赛制时，双方每局各有 1 次机会。

（2）医疗暂停。限时 15 分钟。每场比赛（三局二胜为一场）、每位球员只有 1 次机会。

七、违例规则

（1）违反两次弹地规则。（参阅两次弹地规则）

（2）球受击后在击球方一侧挂网而无落入对方场区。（注：死球和违例出现在球触地的瞬间。）

（3）球在网下或在网与网柱的间隙过网。

（4）球受击后第一落点在界线以外或在击球方一侧的场区。

（5）球在击球方一侧场区弹地两次之前未被击出。

（6）违反任何发球规则。（参阅发球规则）

（7）在比赛进行中，运动员的身体、服饰或球拍触碰球网系统或网柱。

（8）球发出后，触及运动员身体或其穿戴或携带的任何物品。除非：球触及球拍或击球者持拍手的腕关节以下的部位。如果击球者正在转换持拍手且双手都在球拍上或试图双手持拍击球时，球触及任意一只手的手腕以下部位都不属违例，比赛继续进行。

（9）一个回合中，球在形成死球之前被一个运动员阻止。例如，在触地之前抓住或阻挡一个飞行中的球。

（10）比赛进行中，球在落地反弹之前，击中任何永久物体。

（11）违反非截击区规则。

（12）过网击球。一旦回合开始，球在越过球网平面前被运动员击中。

（13）拖带击球。球发出后，运动员故意用球拍对比赛中的球实施拖带或捕获。

（14）连击球。球发出后，击球者故意多次挥拍触碰比赛中的球超过一次。

（15）运动员呼叫“干扰”或“重发球”，但经裁判员确认是无效的。

八、死球规则

（1）任何原因致使比赛中断都会形成死球。

（2） 裁判员宣报“违例”会形成死球。

（3）当裁判员或运动员呼叫“干扰”后，会形成死球。裁判员会确定运动员的“干扰”呼叫是否有效。一个有效的“干扰”呼叫会导致一次重发球。

（4）当裁判员或运动员呼叫“重发球”后，会形成死球。裁判员会确定球员的“重发球”呼叫是否有效。

（5）比赛进行中，球落在对方场区弹地后触碰到一个固定物体会形成死球，击球方赢得此回合。

九、其他规则

1. 球的运送和连击

球会无意中被击中两次或发生两次的“运送”，但必须是连续而且单向的飞行。如果击中是不连续的，不是单方向的，或者如果它是一个明显的第二个击中，这个击中是犯规的。

2. 交换双手

球拍可以在任何时间换手。同时用两手击中球是合乎规则的。

3. 试图击回

一个完全没击中的回射球本身并不构成一个死球。直到球反弹两次或直到发生任何其他的失误才算死球。

4. 破损或破裂的球

比赛继续，直到对打结束。如果裁判判决，一个破裂的球影响了球的反弹，裁判应声称不算数而要求重打。

5. 比赛中受伤

比赛过程中有球员受伤，除非受伤球员弃权，否则比赛要继续到结束。

6. 球员装备问题

如果一个球员的球拍掉落地面或受损坏或个人物品掉落地上，对打不得停止或受到影响。

7. 球场上的物件

如果一个球员任何的穿着或携带物品掉在场的地面上，就会成为球场的一部分。因此，如果球击中球场上的物件，球赛仍然继续进行。如果该物件掉在对手的球场，这将是一个过失。如果该物件因凌空掉在非凌空区，它也是一个过失。

8. 干　扰

球员不可以吆喝、跺脚，或以其他方式试图分散正要击球的对手的注意力。除非在击球时，球员或球员的穿着或任何携带物品，越过球网的平面（或超出网柱的延伸物）。

注：在双打时，同伴之间的沟通不应被认为是一种干扰。然而，对手即将击球时大声的沟通是一种干扰。如果裁判判决是一种干扰，这将导致对手失手。

9. 网　柱

网柱该在边线外被固定。如果球击中网柱或任何附加在网柱的物品，它是一个过失而且会宣称那是一个死球。此规则不包括球网、网丝或网柱之间的绳子。球网和钢线或附在球网的绳子（大半）在球场里面。因此，如果球击中球网的顶部或撞击球网顶部的钢线或绳子后着落于球场内，那么比赛继续进行。

10. 球击中球网是一个过失（略）

11. 跨越击球

如果球在非凌空区反弹，又因回旋使它返回过网，球员可以越过球网击球，但不可以碰到球网。只要击球者没有触及对方的球场，球员也可以绕过网柱和跨越假想的球网延长线击球。

12. 弹回得分

如果球员击球过网到对方打球区，然后对手没有触碰球而又弹回过网，击中球的球员将赢得这回合。

13. 网柱周围的击球

如果球从某一角度反弹在球场内然后越过了边线，该球员可以从网柱的外面将球击回。此球并不需要越过球网。另外，此球的高度没有限制。例如，球员可以在网柱周围低于球网的高度将球击回。

14. 辅　导

球员可以在超时和比赛之间的时间向教练或任何其他人咨询。除了在超时，一旦比赛开始，如果裁判判定一个球员与在球场外面任何人之间的沟通为辅导，将导致裁判可以向该球员或球队作出技术性的警告，并给观众口头警告。如果这种沟通发生第二次，这将导致一次技术性犯规而对手获得一分。

15. 一个球拍

在对打中，球员不得使用或持有两个球拍。

16. 球拍的持有

当球拍与球接触时，球员必须持有他或她的球拍。

第二节　裁判规则

一、认可的比赛形式

1. 比赛形式

有六种比赛形式可以使用。特定的形式通常是比赛赞助商或赛事总监的选择。

（1）安慰式单淘汰。输方球员脱离得胜组。第一输的失败者进入安慰组。

（2）双重淘汰。输方球员进入下一层的失败组。失败组的最终胜者与得胜组的最终胜者再争夺冠军。如果失败组的最终胜者得胜，那么为了打破僵局，要再比赛一次决定谁得冠军。

（3）级别下降式淘汰。开始时所有球员在第一级。第一轮输方球员将下降到第二级。第二级的第一轮输方球员将下降到第三级，以此类推。每个级别第一轮得胜球员保留在同一级别。每个级别的第二轮失败者下降到下面那个级别。

（4）循环赛。所有的球员（单打）或球队都要相互比赛。所有比赛要以同一点数为满分同一点数领先而进行。例如，1 场比赛满分 15 领先 1 分者胜，或 1 场比赛满分 21 领先 1 分者胜，或 3 场比赛满分 11 领先 1 分者胜（只比赛 1 或 2 场，以 11 为满分是不允许的，既使球员或球队已赢得前两场比赛也必须完成所有 3 场以满分 11 领先 1 分者胜的比赛）。赢得比赛次数最多的球员或球队为获胜者。如果双方赢得比赛次数一样，那么赢得最高总分的球员或球队为获胜者。

（5）得分判决。类似循环赛，但它是赢一次比赛将获得 1 分。但比赛输的球队不得分。此外，一个球员或球队赢得刚开始的 2 场比赛将获得额外的 1 分。

（6）组合球赛。参与者被分成两个或更多个组合。每个组合打一个循环赛，得胜者进入单淘汰或双淘汰的总决赛。

2. 错签决定

（1）如果可能的话，所有的抽签至少比赛开始前 2 天执行。

（2）抽签和等级委员会应由赛事总监任命。

3. 比赛通知

每个球员有责任确定每场比赛的时间和地点。如果公布后有任何更改，赛事总监或他的指定代表应当通知球员比赛时间和地点的变化。

4. 放弃比赛权

所谓的放弃是指因过失而失去比赛权。它的发生是因为一个球员或球队因为球员受伤，或者不当行为而没有准时出场比赛。一个球员或球队因任何原因放弃比赛权表示球员或球队输了比赛中的所有赛局。因此，如果其他球员或球队赢得这场比赛，也赢得了比赛中的所有赛局，那么这球员或球队获胜。获胜的球员或球队应获得相应的得分点数，或进入下一个级别的比赛。

5. 失败组比赛

在所有的匹克球国际联合会（IFP）认可的比赛中，每位参赛者均有权参加至少两场比赛。也就是说，第一场比赛的输方球员应有机会在失败组参加比赛。赛事总监对失败组的比赛有自由裁量权而进行修改（例如，比赛满分为 15 点）。

6. 比赛时间表

如果一个或多个参赛者参加多项比赛，他们可能需要在同一天或同一个晚上参加多个比赛事件而比赛之间休息时间很少。参赛者参加多项比赛是有风险的。如果可能的话，比赛时间表应提供比赛之间有休息的时间。

7. 双打比赛

双打小组应包括 2 名符合分类要求参加特定部门比赛的球员。在等级比赛的情况下，较高等级的球员应判判断球队成员的能力及水平（或决定球队的分类与级别）。由年龄分类组合的成人组（19 岁或以上），应以年纪最小的球员作为年龄等级的准则。除非国家高级运动联合会的规则不允许，球员是可以参与下一年龄等级的比赛。少年（18 岁或以下）可以参与少年组不同年龄的比赛，也可以参加成人组（19 岁或以上）的比赛。比赛开始后在任何情况下球员都不可以换同伴。如果赛事总监认为，由于受伤、疾病或情况超出了球员的控制而应该换伙伴，那么第一轮比赛开始前可以换伙伴。

8. 球场的变动

在匹克球国际联合会（IFP）认可的比赛中，完成任何比赛后，如果球场变动可以容纳更多观众或改进比赛场所的条件，赛事总监可以决定变动球场。

9. 比赛中不当行为的规制

在匹克球国际联合会（IFP）认可的比赛中，如果一个球员个人的行为是不利于比赛，裁判有权宣判技术性犯规，而取消该球员比赛资格。此外，任何球员收到多次技术犯规警告后，仍然有不当行为，赛事总监有权将球员从比赛中驱逐。

二、比赛办理及执行

1. 赛事总监

赛事总监应辨理比赛。赛事总监有责任指定职员和他们应负责的领域。在所有的匹克球国际联合会（IFP）认可比赛中，赛事总监将提供一些方法以分辨每个球队每场比赛第一位发球员。在球场比赛过程中，所有人必须可以看到此标志。拒绝穿这种标志会导致丧失比赛资格。

2. 规则简介

比赛前，应当告知或提供所有职员和球员有关球场阻碍物现行规则。规则介绍应尽可能以书面通告。会使用并提供目前匹克球国际联合会（IFP）比赛规则。赛事总监不得推行任何当地规则或使用当前匹克球国际联合会（IFP）规则中没有规定的任何规则。唯一的例外是任何因为球场或其他因地制宜的空间限制的规则，但必须事先得到匹克球国际联合会（IFP）的批准。

3. 赛事官员

匹克球国际联合会（IFP）认可的每场比赛必须有一个裁判。赛事总监或赛事总监代表将分配所有裁判。虽然任何比赛的球员可以自愿当裁判，但赛事总监或者指定代表对裁判的分配说了才是最终决定。赛事总监的自由决定下，职员中也包括司线员。

4. 裁判的职责

每场比赛开始前，裁判必须：

（1）检查球场清洁、照明、球网高度、球场标记物和障碍物。

（2）检查需要用的材料的可用性和适宜性，例如球、记分卡、铅笔时钟的位置。

（3）检查以确保规划的支援可以随时启用。

在场边与球员见面，裁判必须：

（1）检查球拍是否符合规定。

（2）告知球员需要等裁判比分呼叫后才可发球，否则是个失误。

（3）指出球场的障碍物及其地已经批准修改的规则。

（4）指示裁判，线路评委和球员线路呼叫的职责。

（5）使用公平的方法决定最初的发球权和选择任何球场的一边。

在比赛期间，裁判必须：

（1）如果球网曾被干扰，需要重新检查球网高度。

（2）每场对打结束后呼叫比分，并确定比分已标记于正规的记分板上。呼叫比分的目的是告知球员可以继续比赛。

5. 司线员呼叫手势

认同的手势信号是：界外球——将手臂伸出指向球出界的方向。界内球——伸展双臂并与球场平行，手掌向下。

6. 执行选项

（1）球员呼叫所有线路（一般用在非正式比赛）。

（2）裁判呼叫非凌空区违规行为，球员呼叫靠近自己球场上除了非击截线的线路呼叫（一般用在正式比赛）。

（3）裁判呼叫非凌空区违规行为，线路评委执行边线与底线的呼叫（一般限用于有奖牌的比赛）。

7. 线路判定

（1）建议有奖牌的比赛中才用线路评委。线路评委会由赛事总监或指定的代表选出。

（2）线路判定者呼叫他管辖范围内的线路失误，并以呼叫“出界”表示失误。

8. 裁判要执行的职责

裁判负责有关比赛的作业程序和决定。如果球员呼叫线路后对手有争议，球员可以要求裁判作这次线路呼叫的判决。也会以裁判的呼叫作为判决。如果裁判无法做判断，那么以球员的线路呼叫为判决。观众不是比赛的一部分，因此，不能以观众的宣称为判决。

9. 双打边线呼叫裁决

在双打中，如果同一队球员对自己这边球场线路呼叫持有不同意见，其中一个球员可以要求裁判作出裁决。如果裁判清楚地看到了球的着落点，裁判应当根据他的观察作出裁决。如果裁判无法作出裁决，那么算作球没出界。

10. 丧失比赛资格

（1）一名球员拒绝遵守裁判作出裁决，或从事违反体育道德的行为，裁判可以取消球员的比赛资格。

（2）赛事总监可以因球员不遵守比赛或主办单位的规则，或在比赛场所有不当行为，或辱骂主办单位，滥用更衣室，或者不遵守其他的规则和程序，而取消球员的比赛资格。

（3）赛事总监可以因球队比赛开始 10 分钟后仍未出场而取消球队的比赛资格。如果情况允许，赛事总监可以裁决更长的延迟。

（4）一个球员或球队触犯 2 次技术性犯规后，比赛资格自动会被取消。此外，赛事总监有权因球员行为不端而要求球员离开赛场。

11. 上 诉

向裁判上诉有关呼叫判断（线路、双反弹等），则会由裁判裁决。裁判可以咨询球员或线路评委的意见以决定上诉的结果。

（1）球员可向裁判提出对程序或裁决的诉求。裁判应对程序上诉作出一个决定。

（2）裁判的裁决可能是加 1 分，失去发球机会或再次发球。

（3）对打中球员若想上诉，可以举高没有持有球拍的手，来告知裁判之前一球可能违反了规则。但要等到对打结束才可以进行上诉，然后比赛才会继续进行。

（4）再次发球。审查上诉后，裁判可以裁决上诉没有结果，而决定以再次发球作为一个解决方案。

12. 规则说明

如果一个球员认为裁判的规则解释是不正确的，该球员可以要求裁判或赛事总监指示出规则手册中正在使用的规则。

13. 抗议活动

如果有球员抗议任何裁判有关规则的解释，将由赛事总监决定。

14. 撤销裁判或线路评委

当单打双方球员或双打双方球队同意撤销裁判或线路评委，赛事总监有酌情决定权。当只有一个球员或一方球队要求撤销裁判或线路评委，而另一个球员或另一方球队没有这么要求，那么赛事总监可以接受或拒绝该请求。如果裁判或线路评委被撤销，赛事总监将任命新的裁判或线路评委。

15. 技术犯规

裁判有权裁决技术性犯规。当一个技术犯规被裁决时，另一个球队将得 1 分。技术犯规被裁决后，如果不立即继续进行比赛，或犯规球员仍然继续辱骂，裁判有权取消球员的比赛资格而使另一球队得到利益。如果一个球员或球队在比赛中犯了 2 次技术犯规，那么该队比赛资格自动被取消。此外，赛事总监有权将行为不端的任何球员或球队取消比赛资格。如果一个球员被取消比赛资格，不得没收该球员从比赛获得的任何奖项和排名积分。

以下行为可构成技术犯规：

（1）使用不良或贬低的语言冲着另一个人，根据其严重程度球员将得到技术警告或一次你技术犯规。一旦技术警告发出，第二次再犯将导致一次技术犯规。由于任何理由而过度的冒犯将造成类似的处罚。由裁判决定任何违规的严重程度。

（2）过多的争论。

（3）对任何人任何性质的威胁。

（4）故意破坏球或撞击对打中的球。

（5）故意扔掉球拍。如果此动作导致撞击或者伤害任何人或造成球场或球场设施的损害，自动予以技术犯规，而且对手将得到 1 分。

（6）比赛延误，无论是在比赛或超时期间花费过多时间，对裁判作出过多有关规则的追问，或过度作出不必要的上诉。

（7）任何被认为违反体育道德行为的其他动作。

16. 技术性警告

如果一个球员的行为没严重到要发出一个技术犯规，但可能发出技术警告。在大多数情况下，裁判施加一个技术犯规之前应该先发出技术警告。发出技术警告时不可以给另一球队加 1 分。

17. 对于技术犯规和技术警告的影响

一个技术警告不应导致对打失败或给另一球队加分，并应简要说明发出警告的原因。如果裁判发出一个技术犯规，没有犯规的球队应加 1 分。一个技术犯规或警告不应该影响发球资格或者那一队对打失败。如果因为技术犯规而对手获得 1 分，得分的球员应对换位置，以反映该队获得 1 分。

三、匹克球比赛常用术语

（1）传送：以一种方式击中球，使用球拍将球带动。

（2）斜对面球场：球场中在斜对面的球场。

（3）死球：死球是被宣布失误后的球。

（4）丁克击球：球轻轻地以拱形的弧度越过球网而落在非凌空区域内。

（5）双弹跳：球在被打回对方之前，在这一方弹跳超过一次。

（6）连击：球在越过球网打回对方之前，在这一方被击球两次。连击可以是由一位球员击中两次或同一支球队两位球员各击中一次。

（7）吊球：球着落于近网的打球区。

（8）截击吊球：以缓慢的速度令球近网落地。截击吊球接近非凌空区特别有效。

（9）失误：失误是由于违反规则而停止打球的任何行动。

（10）落地球：打击落地一次后的球。

（11）半截击：球还没上升到其潜在的高度时，即刻以球拍接触落地一次后的反弹球。

（12）阻碍：任何会影响比赛的因素或事件。例如：偶然另一只球进入球场或有人或动物穿过球场造成的干扰。

（13）再次发球：因某种理由让发球者重新发球。

（14）高球：一个高且弧度很深的返回球，迫使对方退回到底线。

（15）非凌空区：球场中近网，不能截击的区域。它包括非凌空区周边的所有线。非凌空区是平面的，它不包括球场地面上方的立体空间。

（16）第二个发球局：用来形容开始比赛时的发球或发球队第一发球球员失去发球权而轮到第二位员发球。

（17）对打：发球后和失误之前连续的相互击球。

（18）重打：裁判没有给任何一队加 1 分的情况下，裁决重新对打的一球。

（19）打球区：打球区在球网中心线的两侧，被非截击线、底线和边线环绕。所有线都属于打球区的一部分。

（20）换边发球：宣称一方失去了发球权，而另一方得到发球权。

（21）技术性犯规：当对手侵犯技术性规则之一，或裁判判决对手过分和故意滥用某种技术，裁判有权给另一队加一分。

（22）截击：对打期间球未落地时，击中在空中的球。

四、匹克球裁判临场常用术语（适用于直接得分制）

1. 双打开场宣报

女士们，先生们，在我右边，A 和 B，队名 1，在我左边，C 和 D，队名 2。A 发球，C 接发球，比赛开始，0 比 0。

2. 单打开场宣报

女士们，先生们，在我右边，A，队名 1，在我左边，C，队名 2。A 发球，比赛开始，0 比 0。

3. 比赛中的宣报

违例

脚违例

发球违例

接发球违例

换发球

重发球

纠正

交换场区（单局制或者多局制的决胜局才需要使用）

4. 暂停的宣报

比赛暂停

X 号场地，15 秒

继续比赛，比分

5. 行为不端的宣报

技术警告，×××

技术犯规，×××

×××，全局退赛

×××，全场退赛

6. 局间的相关宣报

第一局比赛结束，××× 和 ××× 胜，比分

X 号场地，20 秒

第二局，比赛开始，0 比 0

第二局比赛结束，××× 胜，比分，局数 1 比 1

决胜局，比赛开始，0 比 0

比赛结束，××× 胜，各局比分

第三节 竞赛方法

一、单循环制

参加比赛的人（队、对）相互之间按程序轮流比赛一次称为单循环赛。其特点是所有参加比赛的人（队、对）相互之间都要比赛一次，比赛机会多，机会均等。但一次比赛所需的场地多、比赛时间长，如果参赛的人（队、对）数较多时，就要分组、分阶段进行比赛。

1. 比赛次序的确定

匹克球比赛的单循环制，比赛次序采用的是“1”号位固定的逆时针轮转法。以 4 个队为例比赛对战，如附表 1 所示。

附表 1

参赛队伍数为 4	
轮次	比赛对阵
第一轮	1 vs 4
	2 vs 3
第二轮	1 vs 3
	4 vs 2
第三轮	1 vs 2
	3 vs 4

如果参赛队数是单数，则末位加“0”，遇“0”的队，该轮轮空。以 5 个队为例比赛对战，如附表 2 所示。

附表 2

参赛队伍数为 5	
第一轮	1 vs 0
	2 vs 5
	3 vs 4
第二轮	1 vs 5
	0 vs 4
	2 vs 3
第三轮	1 vs 4
	5 vs 3
	0 vs 2
第四轮	1 vs 3
	4 vs 2
	5 vs 0
第五轮	1 vs 2
	3 vs 0
	4 vs 5

当在一组循环赛中有两名运动员（队）来自同一个队伍时，比赛的次序会发生适当的改变，以避免同队运动员在比赛中故意输球导致不公平的情况。同队的运动员必须最先相遇进行比赛。

2. 比赛轮数的计算方法

当参赛人（队、对）数为双数时，比赛的轮数为参赛人（队、对）数减去 1。例如，如果有 6 个队参加单循环赛，那么比赛将进行 5 轮。换句话说，对于 6 个队进行单循环赛，总共需要进行 5 轮比赛。

而当参赛人数为单数时，比赛的轮数就等于参赛人（队）数。例如，如果有5个人（队）参加单循环赛，那么比赛将进行5轮。

总结起来就是，参赛人（队、对）数为双数时，比赛轮数为参赛人（队、对）数减去1；参赛人（队、对）数为单数时，比赛轮数等于参赛人（队、对）数。

3. 比赛场数的计算方法

比赛场数可以通过参赛人（队、对）数乘以参赛人（队、对）数减去1，再除以2来计算。举个例子，如果有6个人（队、对）参加单循环赛，那么比赛场数就是6乘以（6减去1），再除以2，即6×（6−1）÷2，结果是15。

换句话说，比赛场数等于参赛人（队、对）数乘以参赛人（队、对）数减去1，再除以2。对于6个人（队、对）进行单循环赛，总共要进行15场比赛。

4. 循环赛比赛名次的确定

循环赛的比赛名次确定的方法如下：

（1）首先按照胜场次数多少进行排列，胜场次数多的排在前面。

（2）如果有两个人（队、对）的胜场次数相同，则根据他们之间的比赛结果来确定名次，胜者排在前面。

（3）如果有三个人（队、对）或更多的胜场次数相同，那么将根据他们在本阶段（组）内全部比赛的净胜场、局数、分数来决定名次。如果两者的净胜场（局数、分数）相同，那么将根据他们之间的胜负关系来决定名次。

（4）如果三个人（队、对）或更多的净胜分也相等，那么将使用抽签方法来决定名次的排序。

总结起来，循环赛的比赛名次按照胜场次数、比赛结果、净胜场、局数、分数以及抽签方法的顺序来依次确定。

二、单淘汰制

单淘汰制的比赛特点是能够在时间短、场地有限的情况下容纳较多的参赛者。然而，这种比赛方式下，除了第一名之外，其他名次的确定有时会受到一些偶然因素的影响，比赛机会不太均等。

换句话说，单淘汰制比赛能够在有限的时间和场地条件下容纳大量的参赛者。但是，由于比赛的方式是单败淘汰，所以除了冠军以外的其他名次有时会受到一些偶然性的影响，比赛的公平性可能不太均等。

1. 比赛次序的确定

比赛参与者根据 2 的幂次数（4，8，16，32，…）成对进行比赛，获胜者晋级下一轮，败者被淘汰，直到最后一名胜出。当比赛进行到只剩下 8 名参与者时，他们之间的比赛称为四分之一决赛，争夺进入前 4 名的名次。当剩下 4 名参与者时，他们之间的比赛称为半决赛，争夺进入前 2 名的名次，最终，冠军的比赛被称为决赛。半决赛中的两个败者将并列获得第 3 名，四分之一决赛中的 4 个败者将并列获得第 5 名。如果增加附加赛，可以决出第 2 名之后的名次。

2. 轮 空

当参赛人数是 2 的幂次数时，第一轮比赛不会出现轮空情况。然而，如果参赛人数不是 2 的幂次数，那么第一轮比赛将会有一些轮空的位置。一般情况下，轮空只会出现在第一轮比赛中（除非第二轮比赛中出现弃权情况，才会在第二轮出现轮空）。

3. 轮空数

轮空数等于比参赛人数大一级的最小的 2 的幂次数与参赛人数的差值。举个例子来说，假设有 23 个参赛者进行单淘汰赛，那么第一轮的轮空数就是最小的 2 的幂次数（32）减去参赛人数（23），得到的结果是 9 个轮空名额。

4. 轮空位置

为了平均分配轮空位置，当轮空数是奇数时，上半区（或者称为前半区）会多一个轮空位置。这个轮空位置会位于 1/4 区或 1/8 区的顶部。同时，下半区（或者称为后半区）的轮空位置会位于 1/4 区或 1/8 区的底部。这样可以确保轮空的位置在两个区域中均匀分布。

5. 单淘汰赛比赛次序表的制作

为平均分配轮空位置，制作单淘汰赛比赛次序表可以按照以下步骤进行：

（1）将实际参赛人数从上到下按顺序标号。

（2）分为上、下半区：将标号的序号平均分为上、下半区，如果是奇数个人，则上半区人数少一个。在上、下半区之间画一条横线作为标记。

（3）分为 1/4 区：首先将上半区平均分为第一 1/4 区和第二 1/4 区，如果是奇数个人，则第一 1/4 区人数少一个。然后将下半区平均分为第三 1/4 区和第四

1/4 区，如果是奇数个人，则第四 1/4 区人数少一个。在每两个 1/4 区之间画一条横线作为标记。

（4）分为 1/8 区：首先将第一 1/4 区平均分为第一 1/8 区和第二 1/8 区，如果是奇数个人，则第一 1/8 区人数少一个。接着将第二 1/4 区平均分为第三 1/8 区和第四 1/8 区，如果是奇数个人，则第三 1/8 区人数少一个。然后将第三 1/4 区平均分为第五 1/8 区和第六 1/8 区，如果是奇数个人，则第六 1/8 区人数少一个。最后将第四 1/4 区平均分为第七 1/8 区和第八 1/8 区，如果是奇数个人，则第八 1/8 区人数少一个。在每个 1/8 区之间也画一条横线作为标记。

根据以上的分区方式，可以确定每个区域的轮空数。在上半区的第一轮比赛中，轮空的位置从每个 1/8 区自上而下排列。而在下半区的第一轮比赛中，轮空的位置从每个 1/8 区自下而上排列。

需要注意的是，如果参赛人数在 16 人以下，只需分为 1/4 区；如果参赛人数为 28 ~ 31 人，只需分为 1/4 区（因为轮空数不超过 4 个）；如果参赛人数为 4 人或 17 ~ 27 人，则需分为 1/8 区（因为轮空数超过 4 个）；而参赛人数在 65 人以上，则需分为 1/6 区（因为轮空数超过 8 个）。

比赛次序表中，将每个 1/8 区（或 1/4 区）中第一轮不轮空的两个相邻位置进行比赛。举个例子，一个有 21 人参赛的单淘汰赛需要 32 个位置（即 2 的 5 次方），所以第一轮会有 11 个轮空位置。平均分配到 1/8 区后，第一、第三和第八 3 个 1/8 区会有 2 个轮空，而其他 1/8 区会有 1 个轮空。每个 1/8 区本应有 4 个位置，但现在第一、第三和第八 3 个 1/8 区仍有 2 个位置，而其他 1/8 区则有 3 个位置。

6. 每个区位位置数的计算方法

每个区位位置数的计算方法如下：

（1）上、下半区的位置数计算方法：用实际参加人（队、对）数能除以 2，如果参加人（队、对）数是单数，则下半区多一个。例如参赛者是 29 人（队、对），那么上半区应有个 14 位置，下半区应有 15 个位置。

（2）1/4 区位置数的计算方法：用实际参加人（队、对）数除以 4，即为每个 1/4 区的位置数，如果有余数，第一个余数应在第三 1/4 区，第二个余数应在第二 1/4 区，第三个余数则应在第四个 1/4 区。例如参赛者为 35 人，则第一 1/4 区有 8 个位置，其余 3 个 1/4 区各有 9 个位置。

（3）1/8 区位置数的计算方法：以实际参加人（队、对）数除以 8，即各 1/8 区的位置数，如果有余数，第一个余数在第五 1/8 区，第二个余数在第四 1/8 区，第三个余数在第七 1/8 区，第四个余数在第二 18 区，第五个余数在第六 1/8 区，第六余数在第三 1/8 区，第七个余数在第八 1/8 区。例如参赛者为 28 人，则第一、第三、第六、第八 4 个 1/8 区各有 4 个位置，而第二、第四、第五、第七 4 个 1/8 区各有 5 个位置。

7. 种子选手

为了确保比赛结果与参赛运动员的实际水平相符，我们将技术水平较高的运动员设为种子选手。这样做的目的是在抽签时将种子选手均匀分布在不同的区域，以使比赛结果更加公正和合理。通过这种方式，我们可以避免种子选手集中在同一区域，从而增加了其他选手获胜的机会，提高了比赛的公平性和竞争性。

（1）种子数的确定：

如果参赛人数小于等于 15 人，则设定 2 名种子。

如果参赛人数在 16 ~ 31 人之间，则设定 4 名种子。

如果参赛人数在 32 ~ 63 人之间，则设定 8 名种子。

如果参赛人数为 64 人或更多，则设定 16 名种子。

（2）种子位置和进位的规则：

第一号种子将被分配到上半区的顶部位置，即 1 号位。

第二号种子将被分配到下半区的底部位置，即最后一个号位。

第三、第四号种子将抽签确定其位置，第三号种子将进入第二 1/4 区的顶部位置，第四号种子将进入第三 1/4 区的底部位置。

第五、第六、第七和第八号种子将抽签确定其位置，第五号种子将进入第二 1/8 区的顶部位置，第六号种子将进入第四 1/8 区的顶部位置，第七号种子将进入第五 1/8 区的底部位置，第八号种子将进入第七 1/8 区的底部位置。

8. 非种子选手（对）的抽签进位原则

在比赛中，属于同一个队的运动员必须在比赛的最后阶段相遇。这意味着：当一个队只有一名（对）参赛者时，他们可以被安排进入任何位置；当一个队有两名（对）参赛者时，他们必须分别进入上半区和下半区；如果一个队有 3 ~ 4 名（对）参赛者，他们必须被分配到不同的 1/4 区；而当一个队有 5 ~ 8 名（对）参赛者时，他们必须平均分配到上半区、下半区、1/4 区和 1/8 区，以确保公平竞争和比赛结果的合理性。这样做的目的是避免同一个队的参赛者在比赛的早期阶段就相遇，从而保持较高水平的竞争性和公平性。

三、循环、淘汰混合制

在许多匹克球比赛中，为了给参赛者提供更多的比赛机会，同时确保比赛过程不过长，通常会将循环赛和淘汰赛结合起来。比赛的第一阶段采用分组循环赛制，而第二阶段则采用淘汰赛制。在第一阶段的比赛结果确定后，有两种方法确定进入第二阶段比赛的位置。第一种方法是固定位置，即根据每个小组的排名确定进入淘汰赛的位置。第二种方法是再次抽签或根据每个小组的第一名固定进入淘汰赛，而第二名再次抽签决定进入淘汰赛的位置。举个例子，假设有 16 个队参加比赛，在第一阶段，这些队伍将被分成 4 个小组进行单循环赛，在第二阶段，将由每个小组的前两名共计 8 个队伍进行单淘汰赛，以决出名次为 1 至 8 的队伍。通过这种方式，参赛者在第一阶段将有机会与不同的对手交锋，而在第二阶段的淘汰赛中，只有表现出色的队伍才能晋级，并最终产生比赛的冠军。

1. 第二阶段位置预先固定

在这种赛制中，小组赛的第一名和第二名都有固定的位置进入第二阶段。这意味着在小组赛阶段结束之前，参赛者可能会有意识地放弃一些比赛，以便争夺小组赛第二名的位置，而不是全力争夺小组赛第一名的位置。这可能会引发一些问题，因为参赛者可能会有意识地调整战术和比赛策略，以便在第二阶段中获得更有利的对手或位置。这可能会损害比赛的公平性和竞争性，因为参赛者不再全力以赴争夺最高的排名，而是更关注如何在第二阶段中取得优势。这种情况可能会引发一些争议和违背体育精神。

2. 第二阶段抽签进位

为了避免在比赛中出现打假球的情况，在比赛的第二阶段往往采用抽签进位的办法。也就是小组的第 1 名进入固定位置，而小组的第 2 名则等第一阶段小组比赛结果出来后，再抽签进位，这样就可以在一定程度上避免打假球的可能性。小组第二名的进位办法，是 A、B 组的第 2 名抽签进入下半区的位置，而 C、D 组的第 2 名则抽签进入上半区的位置。